Interaktion zwischen Agentivität und Telizität in
intransitiven Sätzen im Chinesischen und Deutschen

Xiaonan Xu

Interaktion zwischen Agentivität und Telizität in intransitiven Sätzen im Chinesischen und Deutschen

Bibliografische Information der Deutschen Nationalbibliothek
Die Deutsche Nationalbibliothek verzeichnet diese Publikation
in der Deutschen Nationalbibliografie; detaillierte bibliografische
Daten sind im Internet über http://dnb.d-nb.de abrufbar.

Zugl.: Köln, Univ., Diss., 2018

D 38
ISBN 978-3-631-79062-5 (Print)
E-ISBN 978-3-631-79115-8 (E-PDF)
E-ISBN 978-3-631-79116-5 (EPUB)
E-ISBN 978-3-631-79117-2 (MOBI)
DOI 10.3726/b15677

© Peter Lang GmbH
Internationaler Verlag der Wissenschaften
Berlin 2019
Alle Rechte vorbehalten.

Peter Lang – Berlin · Bern · Bruxelles · New York ·
Oxford · Warszawa · Wien

Das Werk einschließlich aller seiner Teile ist urheberrechtlich
geschützt. Jede Verwertung außerhalb der engen Grenzen des
Urheberrechtsgesetzes ist ohne Zustimmung des Verlages
unzulässig und strafbar. Das gilt insbesondere für
Vervielfältigungen, Übersetzungen, Mikroverfilmungen und die
Einspeicherung und Verarbeitung in elektronischen Systemen.

Diese Publikation wurde begutachtet.

www.peterlang.com

Danksagung

„Wer das Ziel kennt, kann entscheiden. Wer entscheidet, findet Ruhe. Wer Ruhe findet, ist sicher. Wer sicher ist, kann überlegen. Wer überlegt, kann verbessern." Gemäß diesem Spruch von Konfuzius begann ich meine herausfordernde Promotion mit klarer Zielerkennung und beende diese lohnende Phase mit der vorliegenden Dissertation. Ich schulde denjenigen Dank, die mich während der Anfertigung dieser Arbeit in den vergangenen Jahren unterstützten und motivierten.

Besonderer Dank gebührt zunächst meiner Doktormutter Frau Prof. Dr. Beatrice Primus für ihre intensive Betreuung in allen Phasen des Promotionsprozesses, von der anfänglichen Themenerstellung und Einarbeitung bis hin zur Anfertigung der Dissertation. Durch ihre fachliche Unterstützung erhielt ich wichtige Hinweise und entscheidende Denkanstöße. Für ihre unerschöpfliche Geduld während meiner Arbeit bedanke ich mich herzlich.

Ebenfalls möchte ich mich bei meinen Kolleginnen und Kollegen im Institut für Deutsche Sprache und Literatur I der Universität zu Köln bedanken. Dr. Markus Philipp, Tim Graf, Jana Mewe, Dr. Franziska Kretzschmar und Dr. Ingmar Brilmayer standen mir mit hilfreichem Feedback und zahlreichen Anregungen zur Seite. Die studentischen Hilfskräfte Yamina Miri, Cedric Lawida, Judith Molnar und Jacqueline Wiedner halfen mit Formulierungsverbesserungen.

Des Weiteren gilt mein Dank vor allem meinen Eltern und meinem Bruder für ihre uneingeschränkte, liebevolle und vielseitige Unterstützung während meines Promotionsstudiums in der Ferne. Ohne sie wäre diese Arbeit so nicht möglich gewesen und dafür bin ich ihnen auf ewig dankbar.

Mein Dank gilt außerdem meinen guten Freundinnen und Freunden, die mich auf meinem Weg moralisch unterstützten: Rebekka Cordes, Dr. Melanie Koch, Silke Frank, Dr. Jun Zhang, Qian Li, Daiyongli Guang und Haixia Zhao. Sie hatten stets ein offenes Ohr für meine Sorgen und richteten mich immer wieder auf. Ich bedanke mich besonders für Dr. Haoshuo Chens starken emotionalen Rückhalt.

Ein letzter Dank gilt allen Teilnehmerinnen und Teilnehmern meiner Befragung, ohne die diese Arbeit nicht hätte entstehen können.

Inhaltsverzeichnis

Abkürzungsverzeichnis 9

Tabellenverzeichnis 11

Abbildungsverzeichnis 13

1 Einleitung 15

2 Forschungsstand 21
   2.1 Agentivität und Telizität in der gespaltenen Intransitivität 21
   2.2 Auxiliarselektion im Deutschen 26
      2.2.1 Negative Korrelation zwischen Agentivität und Telizität in der ASH 26
      2.2.2 Experimente zur Auxiliarselektion im Deutschen 29
      2.2.3 Diskussion 35
   2.3 Auxiliarselektion im Chinesischen 37
      2.3.1 Konstruktion Lokalinversion 38
      2.3.2 Hierarchie der chinesischen Auxiliarselektion 39
      2.3.3 Agentivitätseffekt 43
   2.4 Interaktion zwischen Agentivität und Telizität in den vorliegenden Studien 51
   2.5 Probleme mit der Lokalinversion 53

3 Variablen im Experiment 59
   3.1 Telizität 59
   3.2 Agentivität 61
   3.3 Auxiliare 64

4 Experiment 69
   4.1 Hypothesen 69
   4.2 Stimuli 71

4.3 Methode 78
4.4 Durchführung 83
4.5 Ergebnis 84
4.6 Diskussion 87

5 Vergleich mit deutschen Daten 91
5.1 Deutsches Experiment 91
5.2 Zusammenfassung der chinesischen und deutschen Daten 95

6 Zusammenfassung 101

Anhang: Getestete Sätze 107

Literaturverzeichnis 113

Abkürzungsverzeichnis

*	Das Zeichen markiert den Ausdruck als ungrammatisch bzw. als allgemein nicht akzeptabel.
?	Das Zeichen markiert den Ausdruck als semantisch oder grammatisch nicht ganz akzeptabel.
ACC	Accomplishment
ACH	Achievement
ACT	Activity
ASH	Auxiliary Selection Hierarchy (Sorace 2000)
BCC	BLCU (Beijing Language and Culture University) Chinese Corpus
HAC	Hierarchy of Auxiliary Selection in Chinese (Liu 2007)
CCL	Center for Chinese Linguistics PKU (Peking University)
CL	Nominal Classifier
DE	Genitive, Possessive
SEM	Semelfactive
RVC	Resultativ-Verb-Komplement
ILS	Individual-Level State
SLS	Stage-Level State

Tabellenverzeichnis

Tabelle 1: Auxiliary Selection Hierarchy (Keller/Sorace 2003, S. 60) 16
Tabelle 2: Telizität und Controllability in Zaenen (1993, S. 132) 22
Tabelle 3: Telizität und Agentivität in Dowty (1991, S. 607) 25
Tabelle 4: Auxiliary Selection Hierarchy (Keller/Sorace 2003, S. 60) 27
Tabelle 5: Zusammengefasste Ergebnisse des ersten Experiments aus Keller/Sorace (2003) 30
Tabelle 6: Zusammengefasste Ergebnisse des zweiten Experiments aus Keller/Sorace (2003) 34
Tabelle 7: Chinesische Auxiliarselektion der Verbklassen (Liu 2007, S. 194) 39
Tabelle 8: Hierarchy of Auxiliary Selection in Chinese (Liu 2007, S. 196) 41
Tabelle 9: Klassifizierung der Verbklassen (Xiao/McEnery 2004, S. 59) 65
Tabelle 10: Diagramm für Bewertung im Fragebogen 83
Tabelle 11: Akzeptabilitätsergebnis im chinesischen Experiment 84
Tabelle 12: Parameterschätzungen für die fixen Effekte und die Schwellenwertkoeffizienten des Regressionsmodells für das chinesische Experiment (Graf et al. 2017, S. 95) 85

Abbildungsverzeichnis

Abb. 1: Akzeptabilitätsergebnis im chinesischen Experiment 84
Abb. 2: Mittelwerte bezüglich Animatheit und Telizität 87
Abb. 3: Bewertungsskala für das deutsche Experiment
(Graf et al. 2017, S. 91) 93
Abb. 4: Akzeptabilitätsergebnis im deutschen Experiment
(Graf et al. 2017, S. 91) 93

1 Einleitung

Telizität und Agentivität sind zwei semantische Faktoren, durch die intransitive Verben in (mindestens zwei) verschiedene Subklassen unterteilt werden. Die *Unaccusative Hypothesis* (Perlmutter 1978) teilt intransitive Verben in die unakkusativische und die unergativische Subklasse. Eindeutig unakkusativische Verben wie *ankommen* sind telisch und drücken eine Orts- oder Zustandsveränderung aus (vgl. z. B. Primus 2011; Zifonun/Hoffmann/Strecker 1997). Diese Eigenschaften charakterisieren ihre Argumente hauptsächlich als Patiens (oder Thema) (vgl. z. B. Dowty 1991; Zaenen 1993). Eindeutig unergativische Verben wie *arbeiten* sind dagegen atelisch und ihre Argumente werden als Agens verstanden (vgl. z. B. Dowty 1991; Zaenen 1993). Demzufolge scheinen Telizität und Agentivität invers in der gespaltenen Intransitivität zu korrelieren.

Die Distinktion zwischen unergativischen und unakkusativischen Verben scheint durch einige Phänomene[1] unterstützt zu werden. Die Auxiliarselektion wird weitgehend als ein zuverlässiger Test für die gespaltene Intransitivität betrachtet (vgl. z. B. Sorace 2000). In einigen germanischen und romanischen Sprachen wird bei der Perfektbildung zwischen zwei Auxiliaren unterschieden. Die eindeutig unakkusativischen Verben bilden das Perfekt mit dem Auxiliar BE[2] (z. B. (1a) im Deutschen), während die eindeutig unergativischen Verben HAVE selektieren (z. B. (1b)).

1 a. Der Gefangene ist/*hat schnell entkommen. (Keller/Sorace 2003, S. 65)
   b. Die Lehrerin hat/*ist dauernd geredet. (ebd., S. 71)

Die Distinktion zwischen unakkusativischen und unergativischen Verben wird in einigen Ansätzen als graduell angesehen und dieser Gradient kann durch die *Auxiliary Selection Hierarchy* (ASH, Sorace 2000; Keller/Sorace

---

1 Für eine Sammlung möglicher Tests der Unakkusativität für das Deutsche siehe Grewendorf (1989). Eine sorgfältig Überprüfung für die Konstruktionen, die in der Literatur häufig als Unakkusativitätstest herangezogen wurden, befindet sich in Levin/Rappaport (1995).
2 Durch BE und HAVE werden die zwei Auxiliare in den Sprachen, die unterschiedliche Auxiliare aufweisen, referiert, z. B. *sein* und *haben* im Deutschen (vgl. Kap. 2.2) und *-le* und *-zhe* im Mandarin-Chinesischen (vgl. Kap. 2.3).

2003; Aranovich 2007) verdeutlicht werden. Durch die Hierarchisierung wird versucht, die Auxiliarselektion einstelliger intransitiver Verben in den verschiedenen westeuropäischen Sprachen zu generalisieren. Die Hierarchie der Verbklassen wird wie folgt formuliert (für jede Klasse wird ein Verbbeispiel, das von Keller/Sorace (2003) getestet wurde, angegeben):

Tabelle 1: Auxiliary Selection Hierarchy *(Keller/Sorace 2003, S. 60)*

change of location (*entkommen*)	selects BE (least variation)
change of state (*verschwinden*)	
continuation of state (*aushalten*)	
existence of state (*schweben*)	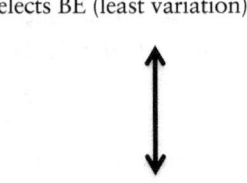
uncontrolled process, reaction (*schwanken*)	
controlled process, motional (*schwimmen*)	
controlled process, non-motional (*reden*)	selects HAVE (least variation)

Die Auxiliarselektion beruhe auf zwei semantischen Faktoren: „[...] telic change, which strongly correlates with BE, and agentive unaffecting process, which strongly correlates with HAVE" (Sorace 2000, S. 861 f.). Die Telizität trenne als primärer Faktor BE-Verben von HAVE-Verben und unterscheide Subklassen der BE-Verben. Die Agentivität differenziere atelische Prozess-Verben (Keller/Sorace 2003, S. 61). Die Verben am BE-Ende der Hierarchie seien „core unaccusatives" und bezeichneten eine telische Veränderung. Die Verben am HAVE-Ende seien „core unergatives" und drückten „agentive activity in which the subject is unaffected" aus. Die mittleren Klassen inkorporieren Telizität und Agentivität in geringerem Maße (ebd., S. 60 f.). Sie zeigen hinsichtlich der Auxiliarselektion sprachübergreifende Variation, und zwar graduelle Abstufungen der Präferenz für eines der beiden Auxiliare (Sorace 2000, S. 886).

Allerdings kann die postulierte inverse Korrelation zwischen Telizität und Agentivität nicht empirisch bestätigt werden. Die Experimente von Keller/Sorace (2003), die zur Überprüfung der Gültigkeit der ASH im Deutschen durchgeführt wurden, sprechen nicht für die Korrelation zwischen Telizität und BE bzw. zwischen Agentivität und HAVE in der ASH. Die näher am unakkusativischen Pol stehende *continuation of state*-Klasse präferiert entgegen der Prognose für *sein* das Auxiliar *haben*. Die *controlled process (motional)*-Klasse wird zwar nah am unergativischen Pol der Hierarchie eingeordnet, präferiert jedoch entgegen der Prognose für *haben* das Auxiliar *sein* (z. B. (2)):

2   Die Frau ist/?hat schnell geschwommen. (ebd., S. 70)

Einen ersten Hinweis, dass für das Deutsche keine negative Korrelation zwischen Agentivität und Telizität besteht, liefert das zweite Experiment in Keller/Sorace (2003), in dem Animatheit variiert wurde. Die Interaktion zwischen Agentivität, die durch Animatheit variiert wurde, und Auxiliarselektion wurde für die *continuation of state*-Verben (z. B. *aushalten*) und *existence of state (position)*-Verben (z. B. *stehen*) getestet. Allerdings erwies die Animatheit sich als nicht-signifikant.

Weitere Hinweise, die gegen die negative Korrelation zwischen den Merkmalen sprechen, stammen aus der Konstruktion der Lokalinversion im Mandarin-Chinesischen (nachstehend Chinesischen). Im Chinesischen sind die Aspektmarker *-le* und *-zhe* vom lexikalischen Aspekt abhängig (vgl. z. B. Xiao/McEnery 2004; Liu 2007). Analog wie im Deutschen selektieren die Verben wie 离开 *li-kai* 'leave', die eine telische Veränderung bezeichnen, *-le* (3a). Verben wie 工作 *gong-zuo* 'work', die einen agentivischen Prozess ausdrücken, sind mit *-zhe* akzeptabel (3b).

3   a. 张三   离开   了。
        Zhang-san   li-kai   -le
        Zhangsan   leave   -LE
        'Zhangsan has left.'[3]

    b. 张三   工作   着。
        Zhang-san   gong-zuo   -zhe
        Zhangsan   work   -ZHE
        'Zhangsan is working.'

Die *-le/-zhe*-Wahl in der Lokalinversion wurde im Zusammenhang mit der Auxiliarselektion im Rahmen der ASH in der Literatur untersucht (vgl. Liu 2007; Laws/Yuan 2010; Shan/Yuan 2007). Liu (2007, S. 196 f.) erfasst die

---

3   In der Arbeit wird *-le* und *-zhe* jeweils meistens in die Perfektform bzw. progressive Form übersetzt, was jedoch nicht bedeutet, dass es eine genaue Korrespondenz zwischen *-le* und Perfektform sowie zwischen *-zhe* und progressiver Form gibt.

Hierarchie für die chinesische Auxiliarselektion, die mit der ASH einige Gemeinsamkeiten hat. Die *change of location (definite)*-Verben wie *lai* 'come' stehen an einem Ende der Hierarchie und selektieren konsistent *-le* (BE) (4a). *-Zhe* (HAVE) wird für die *non-volitional process*-Verben wie *chui* 'blow', die nah an dem anderen Ende der Hierarchie stehen, stark bevorzugt (4b). Die mittleren Verbklassen zwischen den beiden Enden zeigen variable Präferenzen. Laut Liu (ebd., S. 204) unterstützt die chinesische Auxiliarselektion Van Valins (1990) Annahme, dass der lexikalische Aspekt und die Agentivität die semantische Grundlage für die gespaltene Intransitivität bilden. Liu (2007, S. 197) stellt ferner fest, dass die chinesischen Daten Soraces (2000) graduellen Ansatz hinsichtlich der Auxiliarselektion unterstützen.

4 a. Duimian lai -le/*-zhe yiliang che (Liu 2007, S. 188)
 opposite-side come -LE/-ZHE one-CL car
 'From the opposite side came a car.'

 b. Waitou chui *-le/-zhe xie weifeng (ebd., S. 192)
 outside blow -LE/-ZHE some breeze
 'Outside is blowing some breeze.'

Die Agentivität stellt einen grundlegenden Faktor für die chinesische Auxiliarselektion dar. Sie wirkt sich im Chinesischen jedoch gegenteilig wie in der ASH, dass Agentivität mit HAVE korreliert, aus. Einige Beispiele in Lius (ebd., S. 190) Untersuchung weisen darauf hin, dass das agentivische Merkmal mit BE korreliert: Das *existence of state*-Verb *zuo* 'sit' ist mit HAVE akzeptabel, gleich ob das Subjekt animat oder inanimat ist (5a und b). Dagegen kann BE bei diesem Verb nur mit einem animaten Subjekt zusammen auftreten (5a).[4] So deuten die Beispiele darauf hin, dass das agentivische Merkmal die Akzeptabilität von BE erhöht. Zusammen mit dem Beispiel (4a) lässt sich formulieren, dass für die chinesische Lokalinversion das agentivische Merkmal dasselbe Auxiliar bevorzugt wie das telische Merkmal. Dies spricht

---

4 Die Ergebnisse der experimentellen Studie von Laws/Yuan (2010, S. 248) scheinen die Korrelation zwischen BE und dem agentivischen Merkmal zu unterstützen. Problematisch ist jedoch, dass das in der nicht-agentivischen Kondition getestete zweisilbige Verb (z. B. *zuo-luo* 'sit') mit dem in der agentivischen Kondition getesteten einsilbige Verb (z. B. *zuo* 'sit') nicht identisch ist.

gegen die postulierte inverse Korrelation zwischen Agentivität und Telizität in der ASH und deutet auf eine positive Korrelation der zwei Merkmale hin.

5 a. Menkou   zuo   -le/-zhe   yige   jingwie (ebd.)
      doorway   sit   -LE/-ZHE   one-CL   guard
      'At the doorway sits a guard.'

  b. Menkou   zuo   *-le/-zhe   yi   dui   shishi (ebd.)
      doorway   sit   -LE/-ZHE   one   pair   stone-lion
      'At the doorway sits a pair of stone lions.'

Die experimentellen Ergebnisse im Deutschen und die oben angeführten Beispiele im Chinesischen werfen eine Frage auf, die im Fokus dieser Arbeit steht: Wie interagieren Agentivität und Telizität in intransitiven Sätzen mit der Auxiliarselektion? Beide Untersuchungen, Lius (2007) Analyse für das Chinesische und Keller/Soraces (2003) empirische Studie für das Deutsche, liefern unzureichende Erkenntnisse, um diese Frage zu beantworten. Die Resultate des zweiten Experiments in Keller/Sorace (ebd.), in dem Agentivität über Animatheit manipuliert wurde, liefern keinen Hinweis auf eine negative Korrelation im Deutschen und die Beispiele in Lius (2007) Ansatz deuten sogar in die Richtung einer positiven Korrelation im Chinesischen. Ebenfalls problematisch ist, dass die Rolle der Agentivität und der Telizität in beiden Studien nicht durch einen vollständigen Versuchsplan untersucht wird. Aufgrund dieser Beschränkungen wird für die Forschungsfrage ein chinesisches Experiment mit intransitiven Bewegungsverben (*motional process*-Verben) durchgeführt, bei dem Agentivität, Telizität und Auxiliarselektion vollständig gekreuzt manipuliert werden. Neben diesem Experiment konzentriert sich die vorliegende Arbeit auch auf eine kontrastive Diskussion bezüglich dieser These zwischen deutscher und chinesischer Sprache.

Die Arbeit gliedert sich nach dieser Einleitung in folgende Kapitel: Im zweiten Kapitel wird der Forschungsstand hinsichtlich der Agentivität und Telizität in der Auxiliarselektion erläutert. Zunächst sollen einige Ansätze über die gespaltene Intransitivität im Zusammenhang mit den zwei semantischen Merkmalen dargestellt werden (Kap. 2.1). Mit Fokus auf die Auxiliarselektion wird ein detaillierter Überblick über die ASH (Sorace 2000) (Kap. 2.2.1) und die empirische Überprüfung der Gültigkeit der ASH im Deutschen (Keller/Sorace 2003) (Kap. 2.2.2) gegeben. Die Widersprüche im Verhältnis zweier semantischer Faktoren zwischen dem ASH-Ansatz und der empirischen Prüfung werden kritisch bewertet (Kap. 2.2.3). Für das Chinesische wird die Konstruktion der Lokalinversion (Kap. 2.3.1) und die abschließende Hierarchie der chinesischen Auxiliarselektion von Liu (2007) (Kap. 2.3.2) dargestellt. Der Agentivitätseffekt in der chinesischen Auxiliarselektion, welcher sich von dem in der ASH unterscheidet, wird in Kapitel 2.3.3 betrachtet. In diesem Abschnitt werden die Beispiele aus Lius Daten und zusätzliche Beispiele aus den Korpora CCL[5] und BCC[6], die eine positive Korrelation der Agentivität und Telizität aufweisen, diskutiert. Dabei muss Lius Standpunkt über die Animatheit hinsichtlich ihrer Rolle in einigen Beispielen, der mir fraglich bleibt, kritisiert werden. Anschließend werden in Kapitel 2.4 die Nonkonformität zwischen den ASH-Hypothesen und den Ergebnissen der Experimente für das Deutsche (Keller/Sorace 2003) und die Hinweise auf die positive Korrelation für das Chinesische (Liu 2007) zusammengefasst. Sie stellen ein Desiderat dar, für das ein Experiment erforderlich ist. Da die im neuen Experiment getestete Konstruktion sich von der Lokalinversion, die in Lius (2007) Ansatz analysiert wurde, unterscheidet, muss die Unangemessenheit der Lokalinversion zur Überprüfung der Forschungsthese in Kapitel 2.5 begründet werden.

Kapitel 3 widmet sich der Manipulation dreier Variablen, der Telizität (Kap. 3.1), der Agentivität (Kap. 3.2) und der *-le/-zhe*-Wahl (Kap. 3.3) im Chinesischen. Nach der Darstellung der Variablen befasst sich das vierte Kapitel mit dem Experiment. Die Akzeptabilität chinesischer Sätze mit intransitiven Bewegungsverben, die hinsichtlich der Agentivität und der Telizität unspezifisch sind, wurde auf einer Vier-Punkte-Skala bewertet. Die Ergebnisse werden auch in diesem Kapitel diskutiert.

Die gleiche These wurde bereits in einem deutschen Experiment in Graf et al. (2017) angewandt und untersucht. Ein Vergleich der Ergebnisse der chinesischen und deutschen Daten soll im fünften Kapitel sowohl sprachübergreifende Gemeinsamkeiten als auch sprachspezifische Unterschiede verdeutlichen.

Zuletzt erfolgen im sechsten Kapitel eine Zusammenfassung der Ergebnisse dieser Untersuchung sowie ein Ausblick für weitere Forschungsprojekte.

---

5 Das Korpus CCL (Center for Chinese Linguistics Peking University): online im Internet unter: http://ccl.pku.edu.cn:8080/ccl_corpus/index.jsp?dir=xiandai.
6 Das Korpus BCC (BLCU [Beijing Language and Culture University] Chinese Corpus): online im Internet unter: http://bcc.blcu.edu.cn/index.php (Xun et al. 2016).

2 Forschungsstand

2.1 Agentivität und Telizität in der gespaltenen Intransitivität

Die Auswirkung des aspektuellen Merkmals Telizität und des thematischen Merkmals Agentivität auf die Auxiliarselektion ist mit der Forschung zur gespaltenen Intransitivität verbunden. Die Distinktion zwischen unakkusativischen und unergativischen Verben komme laut Perlmutter (1978, S. 161) zwar syntaktisch zum Ausdruck, sei jedoch semantisch determiniert: „[…] the basic idea is that initial unergativity vs. unaccusativity is predictable from the semantics of the clause". Perlmutter (ebd., S. 162 f.) versuchte in groben Zügen, englische intransitive Verben nach ihrer semantischen Bedeutung gruppenweise den beiden Klassen zuzuordnen. Die Prädikate, die unergativische Sätze bestimmen, drücken vor allem volitionale oder intentionale („willed") Handlungen aus. Die Prädikate, die unakkusativische Sätze bestimmen, enthalten u. a. aspektuell telische oder inchoative Verben und Verben mit patienshaften Argumenten. Obwohl diese Subkategorien längst nicht vollständig seien (ebd., S. 164), bezieht die Einteilung zweier Subklassen in Perlmutters Vorschlag das aspektuelle Merkmal und das thematische Merkmal eindeutig ein: Die unergativischen Prädikate scheinen sich mit der Intentionalität oder Volitionalität zu verbinden und die unakkusativischen Prädikate hängen vielmehr mit dem telischen Merkmal zusammen.

Obwohl Perlmutter einerseits annimmt, dass es universale semantische Prinzipien für die Distinktion zwischen unakkusativischen und unergativischen Verben gebe, weist er (ebd., S. 163) andererseits darauf hin, dass ein Teil der Verben unbeständig als unakkusativisch bzw. unergativisch klassifiziert wird. Der Satz *Joe slid on the ice* (ebd.) ist in Bezug auf die Volitionalität mehrdeutig: Der Satz kann als eine volitionale Handlung oder als ein Unfall, bei dem Joe unabsichtlich auf dem Eis rutschte, betrachtet werden (ebd., S. 163 f.). Demzufolge kann ein Prädikat in verschiedenen Kontexten unterschiedliche Merkmale implizieren. Dadurch zeigt das Prädikat ein variables Verhalten, d. h. es kann sowohl unergativisches als auch unakkusativisches Verhalten aufweisen.

Die Variation der Verben in Bezug auf die Zugehörigkeit in der gespaltenen Intransitivität und die Abhängigkeit der Zugehörigkeit von semantischen Faktoren offenbaren sich in Zaenens (1988, 1993) Studien, wobei auch die inverse Korrelation zwischen den semantischen Faktoren sehr deutlich wird. Laut Zaenen (1993) wird im Niederländischen unterschiedliche gespaltene Intransitivität durch verschiedene Tests, die unterschiedliche semantische Faktoren widerspiegeln. aufgezeigt. Wie in Tabelle 2 illustriert, fallen Verben, die im Niederländischen BE selektieren, grundsätzlich in die telische Klasse (–B-Klasse), während atelische Verben mit HAVE kombiniert werden (B-Klasse). Die *controllable/noncontrollable*-Distinktion beeinflusse die Akzeptabilität des impersonalen Passivs (ebd., S. 136). Die Bildung des impersonalen Passivs beschränkt sich auf die Verben mit dem Merkmal [*+control*] (A-Klasse), wobei das atelische Merkmal die Akzeptabilität des Passivs erhöht (ebd., S. 132 f.). So reflektieren das impersonale Passiv und die Auxiliarselektion im Niederländischen jeweils die Dimensionen *Controllability* und Telizität, die eine inverse Korrelation aufweisen.

Tabelle 2: Telizität und Controllability *in Zaenen (1993, S. 132)*

	B: atelic activities states	–B: telic accomplishments achievements
A +control	telefoneren 'phone'	aankomen 'arrive'
–A –control	stinken 'stink'	sterven 'die'

Das Konzept *Controllability* kommt laut Zaenen (ebd., S. 147) zwar in die Nähe des Merkmals Volition in Dowtys (1988) Ansatz (vgl. Kap. 3.2),[7] ist aber laut Zaenen (1993, S. 133) nicht genau definiert. Trotzdem wurden zwei Tests, die Kompatibilität mit dem Adverbial *opzettelijk* 'on purpose' und die Möglichkeit zur Umschreibung mit *dwingen* 'force', angegeben, um

---

7 Laut Zaenen (1993, S. 147) sei die *Controllability* kein „semantic entailment" (vgl. Kap. 3.2 weiter unten): Die Kombination zwischen einem Verb, z. B. *niezen* 'sneeze', mit dem Adverbial *opzettelijk* (on purpose) zeigt, dass „it makes sense to talk about [the verb] in terms of volition but not that it is in each particular instance volitional" (ebd.).

zwischen *controllable* und *noncontrollable* Prädikaten zu unterscheiden. Interessant ist, dass basierend auf diesen Tests nicht nur atelische volitionale Verben wie *telefoneren* 'phone', sondern auch telische Verben wie *aankomen* 'arrive' der [+*control*]-Klasse zugeordnet werden. Das (a)telische Merkmal wird laut Zaenen (ebd., S. 134 f.) durch Zeitdaueradverbiale differenziert. Atelische Prädikate wie *telefoneren* 'phone' sind mit Zeitdaueradverbialen wie *urenlang* 'for hours' kompatibel, während dies für telische Prädikate wie *aankomen* 'arrive' und *sterven* 'die' nicht zutrifft. Zaenen (ebd., S. 138) nimmt weiter an, dass die Telizität aufgrund von der lexikalischen Einheit determiniert wird und die Auxiliarselektion ein Merkmal der lexikalischen Einheit sein könnte. Dementsprechend selektiert das atelische Verb *lopen* in (6a) das Auxiliar HAVE, aber *naar X lopen* in (6b) ist telisch und bevorzugt BE. Die Auxiliarselektion sei deswegen „a lexical process that is sensitive to this distinction but is not sensitive to the further aspectual properties of the sentence" (ebd.).

6 a. Hij heeft/*is gelopen. (ebd., S. 136)
 'He has/is run.'

 b. Hij is/?heeft naar huis gelopen. (ebd.)
 'He is/has run home.'

Zaenens Schema (Tabelle 2) legt die inverse Korrelation zwischen Telizität und *Controllability* offen. Es ergibt sich aber hinsichtlich der Begriffsbestimmung von *Controllability* ein Problem. Obwohl beide Verben, *aankomen* 'arrive' und *telefoneren* 'phone', mit 'on purpose' kompatibel sind und mit 'force' umgeschrieben werden können, zeigen sie das [+*control*]-Merkmal in unterschiedlichem Maße. Während *telefoneren* 'phone' ein volitionales Subjekt benötigt, kann *aankomen* 'arrive' mit einem nichtvolitionalen Subjekt wie beispielsweise einem Verkehrsmittel zusammen auftreten und muss dabei kein [+*control*]-Merkmal aufzeigen. Wenn die Merkmalbestimmung von dem Argument des Prädikats abhängig ist, bleibt die Klassifizierung, dass *aankomen* 'arrive' der [+*control*]-Klasse zugeordnet wird, fraglich. Ferner wird Zaenens Annahme, dass die niederländische Auxiliarselektion lediglich durch die Telizität determiniert wird, von anderen Autoren, z. B. Lieber/Baayen (1997), als fraglich bewertet. Lieber/Baayen (ebd., S. 823 f.) kritisieren, dass im Niederländischen die

Korrelation zwischen telischen Verben und BE sowie zwischen atelischen Verben und HAVE bei Weitem nicht vollkommen sei. Sie weisen darauf hin, dass manche deutlich atelischen Verben wie *dalen* 'descend' BE wählen und manche deutlich telischen Verben wie *geeuwen* 'yawn' HAVE selektieren. Sie betonen weiter, dass die Telizität nicht rein lexikalisch determiniert ist, sondern auch von der Quantifikation der Argumente der Verben beeinflusst wird.[8]

Dowtys (1991) Proto-Rolle-Ansatz weist auch eine inverse Korrelation zwischen Telizität und Agentivität auf, wobei die Merkmale mehrdimensional[9] definiert werden. Nach Dowty wird die Bedeutung hinsichtlich der

---

8   Laut Lieber/Baayen (1997) steht die BE-Wahl im Niederländischen, im Gegensatz zu Zaenens (1993) Ansatz, in Abhängigkeit von dem Merkmal [+IEPS], also dass „the eventual position or state of the verb's highest argument [inferable]" (Lieber/Baayen 1997, S. 789) ist. Atelische Verben wie *dalen* 'descend' bevorzugen BE, weil die von den Verben bezeichneten Ereignisse erlauben, eine eventuelle Position oder einen eventuellen Zustand der Argumente festzulegen. Verben wie *geeuwen* 'yawn' implizieren dagegen keine eventuelle Position oder keinen eventuellen Zustand, deswegen selektieren sie HAVE, obwohl sie telisch sind (ebd., S. 800). Aber bei näherer Betrachtung der BE/HAVE-Wahl bei den intransitiven und transitiven Verben wurde Lieber/Baayens (1997) Ansatz von Hoekstra (1999, S. 82) stark kritisiert: Mittels der Eigenschaft [+IEPS] für die BE-Wahl werde weder die richtige Subklasse ausgewählt noch ein Mechanismus dafür geboten, wie die niederländische Auxiliarselektion beeinflusst werde.

9   Shannon (1995) untersucht die Auxiliarselektion aus der kognitiven Perspektive, die auch mehrdimensionale Konzepte betrifft. In Anlehnung an die Parameter in der Transitivität (Hopper/Thompsons 1980) unterscheidet Shannon die prototypischen transitiven Ereignisse von den prototypischen mutativen Ereignissen. BE ist das standardmäßige Auxiliar für das Perfekt mutativer Ausdrücke, die eine Zustands- und Ortsveränderung des einzelnen Teilnehmers bezeichnen. Die Veränderung in der Anzahl modaler und aspektueller Faktoren (inklusive *Aspect* und *Agency*) kann dazu führen, dass das Auxiliar von BE zu HAVE wechselt. Allerdings können diese Faktoren nicht als explizite Kriterien für die Distinktion zwischen der BE- und HAVE-Wahl gelten. Shannon erläutert nämlich nicht, inwieweit die Faktoren die Auxiliarselektion beeinflussen können. Auch der multidimensionale Ansatz zum Konzept der Transitivität in Hopper/Thompson (1980), in dem die Agentivität und Telizität zur hohen Effektivität der Transitivität beitragen, erklärt die unterschiedlichen Auxiliarselektionen bei intransitiven Verben nicht. Würde das Auxiliar HAVE von transitiven Verben mit Subjekt und direktem Objekt bevorzugt (z. B. im

Beziehung zwischen Argumenten und Prädikaten in Bestandteile zerlegt. Zwei Clusterkonzepte werden erfasst: Proto-Agens und Proto-Patiens.[10] Die Agensdimensionen beinhalten Verursachung, Volitionalität, Sentience, selbstinduzierte Bewegung und evtl. auch Existenz unabhängig vom Ereignis. Spezifischere Rollen, die unter die Oberrolle Proto-Agens fallen, sind als agentivisch bzw. agensähnlich ausgewiesen (vgl. Kap. 3.2). In den Agensdimensionen erscheint die Volitionalität (notwendigerweise inklusiv Sentience) für die Distinktion zwischen der unakkusativischen und unergativischen Klasse sehr wichtig. Die mit der Telizität relevanten Proto-Patiens-Eigenschaften sind vor allem, dass der Teilnehmer eine Veränderung erfährt oder es ein inkrementelles oder holistisches Thema ist. Unter dem inkrementellen und holistischen Thema versteht man jeweils das Argument, das in einer Zustandsveränderung kontinuierlich beeinflusst oder nicht beeinflusst wird (z. B. 'build a house', 'walk from the bank to the post office'). Aufgrund der Entailments basierend auf der Verbsemantik erscheint die Distinktion zwischen unakkusativischen und unergativischen Verben in gradueller Form. Dies wird in folgender Tabelle veranschaulicht:

Tabelle 3: Telizität und Agentivität in Dowty (1991, S. 607)

	ATELIC	TELIC
AGENTIVE	1 definitely unergative	2 ?
NON-AGENTIV	3 ?	4 definitely unaccusative

Deutschen), dann sollten einstellige Verben mit hoher semantischer Transitivität auch HAVE wählen. Aber im Deutschen selektieren atelische Verben mit niedriger Transitivität HAVE und telische Verben mit hoher Transitivität BE (vgl. Graf et al. 2017, S 88).

10 Dowtys (1991) Ansatz beschäftigt sich hauptsächlich mit der grammatischen Realisierung für zweistellige Prädikate, und zwar wird das Argument mit mehr Proto-Agens-Eigenschaften als Subjekt und das Argument mit mehr Proto-Patiens-Eigenschaften als Objekt lexikalisiert. Aber die Proto-Rollen-Analyse kann auch auf die grammatische Relation einstelliger Verben ausgeweitet werden (Dowty 1991, S. 605–608; Kap. 4 in Primus 1999). Das Argument eines intransitiven Verbs wird umso möglicher als Agens lexikalisiert, je mehr es Bedeutungsteile des Proto-Agens beinhaltet.

Der Tabelle 3 zufolge sind die atelischen, agentivischen Prädikate (Zelle 1) sprachübergreifend definit unergativisch und die telischen, nicht-agentivischen Prädikate (Zelle 4) sind sprachübergreifend definit unakkusativisch. Die Verben, die gleich viele oder gleich wenige Eigenschaften in beiden Proto-Agens und Proto-Patiens beinhalten, verhalten sich instabil bezüglich der Klassifizierung (Zellen 2 und 3). Die gespaltene Intransitivität unterscheidet sich in verschiedenen Sprachen dadurch, ob ihr primärer Faktor Agentivität oder Telizität darstellt (vgl. auch Van Valin 1990). Dieser Unterschied beeinflusst die Zugehörigkeit der instabilen Verben zur unakkusativischen bzw. unergativischen Klasse. Wäre die Telizität einer Sprache der primäre Faktor, würden die Zellen 2 und 4 zu der unakkusativischen Klasse gehören. Mit diesem Diagramm lässt sich die inverse Korrelation zwischen Agentivität und Telizität in der gespaltenen Intransitivität eindeutig erkennen.

Die oben dargestellten Ansätze sprechen für eine inverse Korrelation zwischen Agentivität und Telizität in der gespaltenen Intransitivität, obwohl die einschlägigen Begriffe unterschiedlich definiert bzw. angewandt wurden. Diesen Ansätzen zufolge sind unakkusativische Verben in den meisten germanischen und romanischen Sprachen telisch und ihre Argumente werden als Patiens angenommen. Unergativische Verben sind atelisch und haben Agens.

2.2 Auxiliarselektion im Deutschen

Es geht in diesem Abschnitt um die Interaktion zwischen Agentivität und Telizität in Bezug auf die deutsche Auxiliarselektion. Zuerst werden die *Auxiliary Selection Hierarchy* (ASH) (Sorace 2000) in Kapitel 2.2.1 und die Experimente, die Keller/Sorace (2003) für die Überprüfung der Gültigkeit der ASH im Deutschen durchführten, in Kapitel 2.2.2 dargestellt. Als Nächstes werden in Kapitel 2.2.3 die Nichtübereinstimmungen zwischen den Ergebnissen der Experimente und den ASH-Prognosen bzw. die Probleme der ASH kritisiert.

2.2.1 Negative Korrelation zwischen Agentivität und Telizität in der ASH

Der Ausgangspunkt für die ASH liegt in den Beobachtungen der Forschungsliteratur, dass manche Verben sich sprachübergreifend konsistent unakkusativisch bzw. unergativisch verhalten und andere nicht. Manche

Verben innerhalb einer Sprache weisen ein invariables unakkusativisches bzw. unergativisches Verhalten auf, während andere variieren (Sorace 2004, S. 255). Auxiliarselektion gilt gemeinhin als ein Test für die syntaktische Distinktion zwischen unakkusativischen und unergativischen Verben. Auf dieser Grundlage versucht Sorace (2000), die Auxiliarselektion mehrerer romanischer und germanischer Sprachen in einer Generalisierung zu erfassen.[11]

Die Auxiliarselektion basiert auf zwei semantischen Faktoren: zum einen auf „telic change, which strongly correlates with BE", zum anderen auf „agentive unaffecting process, which strongly correlates with HAVE" (ebd., S. 861 f.). Die Hierarchie der Verbklassen, die in Kapitel 1 gezeigt wurde, wird hier mit mehreren von Keller/Sorace (2003) getesteten Beispielen, wieder angegeben.

Tabelle 4: Auxiliary Selection Hierarchy *(Keller/Sorace 2003, S. 60)*

Change of location (*entkommen, aufsteigen*)	selects BE (least variation)
Change of state (*verschwinden, erscheinen*)	
Continuation of state (*aushalten, verweilen*)	↑
Existence of state (*schweben, sitzen*)	
Uncontrolled process (*schwanken, klappern,*)	↓
Controlled process, motional (*schwimmen, wandern*)	
Controlled process, non-motional (*reden, telefonieren*)	selects HAVE (least variation)

Laut Keller/Sorace (2003) sind die Verben am BE-Ende der Hierarchie „core unaccusatives" und kodieren eine telische Veränderung. Die Verben am HAVE-Ende sind „core unergatives and denote agentive activity in which the subject is unaffected". Die Verben der mittleren Klassen zwischen den beiden Enden kodieren die telische Veränderung und den agentivischen Prozess in geringerem Maße als die Kernverben und weisen eine graduelle variable Auxiliarselektion auf. Das graduelle Verhalten spiegelt die Dis-

---

11 Obwohl es hier zunächst um die Generalisierung der Auxiliarselektion geht, nimmt Sorace (2000, S. 861) zugleich an, dass sich wahrscheinlich eine Sensitivität der Hierarchie für andere Spiegelungen der Distinktion zwischen unakkusativischen und unergativischen Verben erkennen lässt, beispielsweise impersonales Passiv (vgl. Keller/Sorace 2003).

tinktion der intransitiven Verben hinsichtlich ihrer aspektuellen und thematischen Merkmale wider (Sorace 2000, S. 886).

Die Unterschiede in den *transition*- und *states*-Verben[12] lassen sich durch zwei Dimensionen erkennen: „(a) the extent to which the verb represents a change, or its degree of dynamicity; (b) if it represents a change, the degree of telicity [...] expressed by the change" (ebd., S. 863). Die *change of location*-Klasse weist Dynamizität und Telizität im höchsten Maß auf. Sie selektiert BE konsistent. Die *change of state*-Verben in der ASH kodieren zu unterschiedlichen Graden Telizität. Innerhalb dieser Klasse unterscheiden sich die inhärent telischen Verben wie *sterben* von den Verben ohne expliziten Endpunkt wie *wachsen*, die eine Serie von Zwischenzuständen und gradueller Annäherung an ein *telos* implizieren. Die letzteren können als telisch betrachtet werden, aber in einem geringen Maße als die Ortsveränderungsverben. Die *continuation of state*-Verben bezeichnen ein Andauern eines bereits bestehenden Zustands und kodieren die Verneinung einer Veränderung. Sie unterscheiden sich von *existence of state*-Verben, die keine Komponente der Veränderung ausdrücken. Die *stative*-Verben stehen an der variabelsten Position der Hierarchie. (ebd., S. 863–870)

Die *uncontrolled process*-Verben in der ASH denotieren einen nichtvolitionalen Prozess, d. h. es mangelt an Kontrolle durch das Subjekt. Die Verben präferieren in den meisten Sprachen HAVE, auch wenn sie teilweise mit den animaten und inanimaten Subjekten angewandt werden können (ebd., S. 877 f.). Die *controlled process (motional)*-Verben implizieren „a nondirected displacement" (ebd., S. 875) ihres einzigen Arguments. Das Subjekt kann sowohl volitionaler Initiator als auch Experiencer des Ereignisses sein. Diese Verben wählen im Niederländischen wie auch im Französischen und Italienischen generell HAVE. Die Telisierung des Kontexts kann in manchen Sprachen, z. B. dem Niederländischen, in einem Auxiliarwechsel resultieren (vgl. Beispiele (6a) vs. (6b) in Kap. 2.1). Die *controlled process (non-motional)*-Verben, also Kernverben am HAVE-Ende, selektieren HAVE sprachübergreifend und -spezifisch konsistent,

---

12 Die ersten vier Verbklassen der ASH werden von Sorace (2000, S. 863) als „transitions" und „states" definiert.

was nicht von aspektuellen und thematischen Merkmalen beeinflusst wird. (ebd., S. 874–878)

So stellen Keller/Sorace (2003, S. 61) fest, dass die Telizität als primärer Faktor die BE-Verben von den HAVE-Verben trennt und die Subklassen der BE-Verben differenziert. Die Agentivität sei „a secondary interaction factor whose relevance for auxiliary is inversely proportional to the degree of telicity of verbs" (Sorace 2000, S. 863) und differenziere die atelischen Prozessverben. Die ASH weist daher eine inverse Korrelation zwischen Telizität und Agentivität in der Auxiliarselektion auf.

2.2.2 Experimente zur Auxiliarselektion im Deutschen

Keller/Sorace (2003) führten zwei Experimente mit der Methode *Magnitude Estimation* (vgl. Kap. 4.3 weiter unten) für die Überprüfung der Gültigkeit der ASH im Deutschen durch.[13] Aus den Resultaten wird aber ersichtlich, dass die inverse Korrelation der Agentivität und der Telizität empirisch nicht bestätigt werden kann.

1. Experiment in Keller/Sorace (2003)

Das Ziel des ersten Experiments[14] ist es, Soraces (2000) Aussage, dass die Kernverben kategorische Bewertung in der Auxiliarselektion aufweisen und die mittleren Verben graduelles Verhalten aufzeigen, zu überprüfen. Dafür werden die folgenden Prognosen getroffen (Keller/Sorace 2003, S. 75 f.):

---

13 Keller/Sorace (2003) zielen darauf ab, experimentelle Evidenzen für zwei syntaktische Reflexe der gespaltenen Intransitivität, die Auxiliarselektion und die Konstruktion des impersonalen Passivs, zu bieten. Im Rahmen dieser Arbeit werden alleinig die Experimente für die Auxiliarselektion dargestellt.

14 Im ersten Experiment wurden acht Verbklassen (vgl. Tabelle 5) statt sieben Klassen in der ASH (vgl. Tabelle 1 oder Tabelle 4) getestet: Die *uncontrolled process-*Klasse wurde in zwei Subklassen, die *involuntary reaction-* und *emission-*Klasse, unterteilt. Für die *existence of state-*Klasse wurden lediglich positionale Verben wie *sitzen* getestet, obwohl andere Subklassen wie z. B. Verben wie *existieren*, die einen konkreten physischen Zustand bezeichnen, auch dargestellt wurden. Für jede getestete Klasse wurden je 16 Testsätze aus acht Verben mit den beiden Auxiliaren *haben* und *sein* formuliert. 54 Probanden nahmen an dem Experiment teil und bewerteten insgesamt 16 Sätze (zwei aus jeder Verbklasse) durch die Methode *Magnitude Estimation*.

7   Prognosen für Experiment 1
  a. *Sein* sei generell akzeptabler mit Verben, die *transitions* und *states* ausdrücken. *Haben* werde generell mit Verben, die einen atelischen Prozess ausdrücken, bevorzugt.
  b. Auxiliarselektion sei kategorisch für die Kernverben in der ASH und zeige sich graduell für die mittleren Verben. (Variables Verhalten zeige entweder eine schwache Präferenz des einen Auxiliars über das andere oder die gleiche Akzeptabilitätsbewerte beider Auxiliare.)

Im Experiment wurden alle Verben mit animaten Subjekten und Angaben der Art und Weise getestet. Die folgende Übersicht stellt die Prognosen und die Ergebnisse des Experiments dar:

Tabelle 5: *Zusammengefasste Ergebnisse des ersten Experiments aus Keller/Sorace (2003)*

ASH-Prognose	Ergebnis	Verbklasse	Beispiel
BE	BE	*Change of location*	*abreisen*
↑	BE	*Change of state*	*versterben*
	HAVE	*Continuation of state*	*verweilen*
	kein sign. Unt.	*Existence of state*	*herumstehen*
	HAVE (schw.)	*Uncontrolled process (involuntary reaction)*	*zittern*
↓	HAVE	*Uncontrolled process (emission)*	*klappern*
	BE	*Controlled process (motional)*	*rennen*
HAVE	HAVE	*Controlled process (non-motional)*	*reden*

Die Ergebnisse zeigen, dass die *change of location-* und *controlled process (non-motional)-* Klasse das Auxiliar BE bzw. HAVE signifikant bevorzugen. In den mittleren Klassen ist BE mit *change of state-* und *controlled process (motional)-*Verben signifikant akzeptabler. Die *continuation of state-* und *uncontrolled process (emssion)-*Verben selektieren HAVE signifikant und *uncontrolled process(involuntary reaction)-*Verben bevorzugen *haben* mit leichter Tendenz. Nur die *existence of state-*Verbklasse zeigt keinen signifikanten Unterschied zwischen den beiden Auxiliaren. Die Ergebnisse entsprechen der Vorhersage von Keller/Sorace in Bezug auf das invariable Verhalten der Kernverben in (7b), also der *change of location-* und *controlled process(non-motional)-*Verben, aber die Prognose für ein graduelles

Verhalten in der Auxiliarselektion der mittleren Verbklassen in (7b) ist schwierig zu beweisen.[15] Sehr interessant ist, dass die näher am unakkusativischen Pol stehende *continuation of state*-Klasse *haben* gegenüber *sein* in der Prognose (7a) präferiert (vgl. aber das Verb *bleiben*, das kategorisch *sein* selektiert (Sorace 2000, S. 868)). Ebenso problematisch ist die *controlled process (motional)*-Klasse, die nah am unergativischen Pol steht, aber trotzdem *sein* gegenüber *haben* in der Prognose (7a) präferiert. So wird die Voraussage, dass für die ersten vier Klassen BE generell akzeptabler als HAVE sein sollte und für die atelischen Verben HAVE generell bevorzugt werden sollte, nicht durch die Ergebnisse bestätigt.

2. Experiment in Keller/Sorace (2003)

Das Folgeexperiment[16] zielt darauf ab, das Verhalten der mittleren Verbklassen weiter zu erforschen und die möglichen Gründe für das fehlende graduelle Verhalten zu untersuchen (Keller/Sorace 2003, S. 88). In diesem Experiment konzentrieren sich Keller/Sorace auf die Abhängigkeit der mittleren Verbklassen von den zusätzlichen Merkmalen: Sie beinhalten die Präfigierung in der *change of state*-Klasse und die Animatheit des Subjektreferenten in der *continuence of state*- und *existence of state*-Klasse. Darüber hinaus wurde die *non-motional*-Subklasse der *uncontrolled process (involuntary process)*-Verben überprüft.

Keller/Sorace (ebd., S. 89) legen die signifikante Bevorzugung der *sein*-Wahl in der *change of state*-Klasse, die nicht der für die mittleren Verbklas-

---

15 Es bleibt bei der Prognose (7b) jedoch unklar, auf welche Weise das graduelle Verhalten der mittleren Verbklassen erscheint, da eine Präferenz (in (7a)) und eine ausgleichende Akzeptabilitätsbewertung (in (7b)) in den mittleren Verbklassen nicht zeitgleich vorhanden sein können (vgl. De Winkel 2008, S. 29). Keller/Sorace (2003, S. 76) weisen darauf hin, dass die mittleren Verbklassen nicht notwendigerweise graduelle Abstufungen aufzeigen müssen. Es ist vielmehr lediglich wahrscheinlich, dass sich die mittleren Verbklassen einer graduellen Abstufung tendenziell annähern. Es wird dabei nahegelegt, dass die Sprache die „variation that is inconsistent with the position of a verb along the hierarchy" (ebd.) nicht zeigen sollte. Basierend auf der These wird, trotz der Unklarheit über die sog. graduellen Abstufungen, der Prognose in (7b) teilweise widersprochen (vgl. ebd., S. 88).
16 Insgesamt 66 Probanden nahmen an diesem Experiment teil und die Vorgehensweise des Experiments ist mit der im ersten Experiment identisch.

sen erwarteten Auxiliarvariation entspricht, einer möglichen Auswirkung des Präfixes zugrunde. Die im ersten Experiment getestete Datengrundlage umfasst hauptsächlich Verben wie *erscheinen*, die eine telische Veränderung kodieren, und nur ein Verb, *wachsen*, das eine Serie von Zwischenzuständen und gradueller Annäherung an ein *telos* impliziert. Um die These, dass die Telizität ein kritischer Faktor für die Klasse sei, zu überprüfen, war im zweiten Experiment zwischen Verben mit indefiniter Veränderung wie *rosten* und *blühen* und ihren durch Präfigierung telisierten Varianten wie *verrosten* und *verblühen* zu unterscheiden (ebd.). Es wird erwartet, dass die präfigierten Varianten die telische Interpretation erzwingen und dadurch die Präferenz für *sein* zeigen. Die unpräfigierten Verben sollten mit beiden Auxiliaren akzeptabel sein, da sie sowohl telische als auch atelische Lesart erlauben (ebd., S. 92).

Die *uncontrolled process (involuntary reaction)*-Klasse im ersten Experiment umfasst Bewegungsverben wie *torkeln* und Nicht-Bewegungsverben wie *zittern*. Das Resultat des ersten Experiments zeigt eine HAVE-Wahl. Keller/Sorace (ebd., S. 92 f.) nehmen an, dass sich die Bewegungsverben wie die *controlled process (motional)*-Klasse verhalten, d. h. sie wählen BE[17] und die Nicht-Bewegungsverben selektieren HAVE. Basierend auf dieser These wurden lediglich die Nicht-Bewegungsverben der Klasse im zweiten Experiment getestet und die Bevorzugung von HAVE wird erwartet.

Wichtig für die Forschung zur Korrelation zwischen Agentivität und Telizität ist die Überprüfung der *continuation of state-* und *existence of state*-Klassen, bei denen Agentivität durch Animatheit der Subjekte variiert wurde. Die *continuation of state*-Klasse bevorzugt im ersten Experiment HAVE. Hinsichtlich Evidenzen in der Literatur über andere Sprachen nehmen Keller/Sorace (ebd., S. 89) an, dass die Agentivität als sekundärer Faktor die Auxiliarselektion dieser Klasse beeinflusst.[18] Durch die folgenden

---

17 Während Keller/Sorace (2003, S. 92) in der Darstellung der Klasse formulieren, dass „involuntary motion verbs [...] both auxiliaries" erlauben, wird es in den Vorhersagen (ebd., S. 93) so ausgedrückt, dass diese Verben BE selektieren könnten. Basierend auf der Annahme (ebd., S. 92), dass sich diese Verben wie *controlled process (motional)*-Verben verhalten, soll hier die Präferenz für BE prognostiziert werden.

18 Die Annahme, dass die Agentivität als sekundärer Faktor die Auxiliarselektion der *existence of state*-Klasse beeinflusst, basiert auf Beispiele mit einem italie-

Beispiele lässt sich erkennen, dass manche MutterprachlerInnen bei den Verben mit animaten Subjekten HAVE bevorzugen, jedoch BE nicht vollkommen ablehnen (8a). Für die inanimaten Subjekte in (8b) scheint eine eindeutige Präferenz für HAVE und eine klare Dispräferenz für BE vorzuliegen (ebd., S. 91).

8 a. Der Wanderer hat/?ist kurz verweilt. (ebd.)
the hiker has/is briefly stayed
'The hiker stayed briefly.'

b. Der Regen hat/*ist kurz angedauert. (ebd.)
the rain has/is briefly lasted
'The rain lasted briefly.'

Obwohl die Beispiele auf die BE-Wahl mit agentivischem Merkmal hinweisen, treffen Keller/Sorace (ebd., S. 93) die Prognose, dass die inanimaten Subjekte die Präferenz für BE erhöhen, was der grundlegenden These der ASH, dass die Agentivität („triggered by the human subject") mit Unergativität korreliert, entspricht. So wurde diese Klasse mit inanimaten Subjekten im zweiten Experiment getestet, aber die hier getesteten Verben sind mit den Verben derselben Klasse im ersten Experiment nicht identisch.[19]

Die andere Klasse für die Überprüfung des Agentivitätseffekts stellt die *existence of state*-Klasse dar. Die positionalen Verben im Englischen sind sensitiv auf den Animatheitseffekt. Der Satz (9a) hat eine volitionale Lesart, die „the act of maintaining a position" impliziert, während (9b) nur die nicht-volitionale Lesart erlaubt (ebd., S. 91). Hinsichtlich des Animatheitseffekts wurde angenommen, dass die deutschen Verben eine Sensitivität auf die Animatheit haben, was einen Effekt auf die Auxiliarselektion aufweist.

---

nische Verb *durare* 'last' in Soraces (2000) Ansatz. Sorace (ebd., S. 867 f.; vgl. Keller/Sorace (2003, S. 89 f.)) zeigt, dass das italienische Verb *durare* 'last' das Auxiliar BE mit inanimatem Subjekt bevorzugt (z. B. *La guerra é durata dieci anni* 'The war lasted ten years'). Allerdings wird HAVE präferiert, wenn das Subjekt menschlich ist (z. B. *Il presidente ha durato dieci anni* 'The president lasted for ten years').

19 Die im zweiten Experiment mit inanimaten Subjekten getesteten Verben wie z. B. *dauern, halten, andauern, anhalten* unterscheiden sich von den im ersten Experiment mit animaten Subjekten getesteten Verben wie z. B. *überdauern, aushalten, weiterexistieren, verweilen*.

9 a. Mary stood on the platform. (ebd.)
   b. The statue stood in the park. (ebd.)

So wurden die gleichen positionalen Verben nun mit animaten sowie inanimaten Subjekten im zweiten Experiment überprüft. Keller/Sorace (ebd., S. 93) prognostizieren, dass die animaten Subjekte die „maintain position"-Lesart auslösen und HAVE präferieren wie in (10a). Die inanimaten Subjekte sollten die nicht-volitionale[20] Lesart nahelegen und haben eine stärkere Bevorzugung von BE wie in (10b).

10 a. Die   Täterin   hat/?ist   betreten   dagestanden. (ebd.)
      the   offender   has/is   sheepishly stood-there
      'The offender stood there sheepishly.'

   b. Der   Korb   ist/?hat   unbeachtet dagestanden. (ebd.)
      the   basket   is/has   unnoticed   stood-there
      'The basket stood there unnoticed.'

Die folgende Tabelle stellt eine Übersicht über die Prognosen der BE/HAVE-Wahl getrennt nach Animatheit und die tatsächlichen Ergebnisse des zweiten Experiments dar:

Tabelle 6: Zusammengefasste Ergebnisse des zweiten Experiments aus Keller/Sorace (2003)

Prognose	Ergebnis	Verbklasse	Animatheit	Beispiel
BE	BE	Change of location	[+ani.]	abreisen
kein sign. Unt.	kein sign. Unt.	Change of state (no prefix)	[–ani.]	rosten
BE	BE	Change of state (prefix)	[–ani.]	verrosten
BE	HAVE	Continuation of state	[–ani.]	dauern
BE	kein sign. Unt.	Existence of state (position)	[–ani.]	dastehen

---

20 Keller/Sorace (2003, S. 93) scheint hier in dieser Formulierung „(f)or inanimate subjects, however, a non-telic reading should be induced" eine Unaufmerksamkeit unterlaufen zu sein. Aufgrund ihrer Erläuterung über die oben angeführten englischen Beispielen sollte es statt „non-telic" „non-volitional" heißen.

Prognose	Ergebnis	Verbklasse	Animatheit	Beispiel
HAVE	kein sign. Unt.	*Existence of state (position)*	[+ani.]	*dastehen*
HAVE	HAVE	*Uncontrolled process (non-motional)*	[+ani.]	*zittern*
HAVE	HAVE	*Controlled process (non-motional)*	[+ani.]	*reden*

Die Prognose, dass die präfigierten Varianten der *change of state*-Verben BE bevorzugen, wird unterstützt. Die Präferenz für HAVE der *uncontrolled process (non-motional)*-Klasse entspricht auch der Vorhersage.

Auffällig widersprechen die Ergebnisse der *continuation of state*- und *existence of state*-Klasse den Prognosen. Analog zur *continuation of state*-Klasse mit animaten Subjekten im ersten Experiment zeigt dieselbe Klasse mit inanimaten Subjekten im zweiten Experiment eine HAVE-Wahl. Die *existence of state*-Verben haben, egal ob die Subjekte animat oder inanimat sind, keinen signifikanten Unterschied zwischen den beiden Auxiliaren. Dies weise drauf hin, dass die Animatheit keinen Effekt in der Auxiliarselektion beider Verbklassen habe (ebd., S. 96).

2.2.3 Diskussion

Die Auxiliarselektion wird weitgehend als einer der zuverlässigsten Marker für die gespaltene Intransitivität anerkannt (Sorace 2000, S. 879) und scheint daher geeignet für die Überprüfung der semantischen Merkmale in der gespaltenen Intransitivität zu sein. Die verschiedenen Verbklassen in der ASH kodieren die Telizität zu unterschiedlichen Graden, in Abhängigkeit davon, ob das Verb einen finalen Endpunkt (z. B. 'die') oder eine Serie von Zwischenzuständen (z. B. 'decay') bezeichnet. Die Agentivität werde auch als ein gradueller Begriff betrachtet: Der sei abhängig von der Kombination diverser Elemente hinsichtlich des Prädikats, z. B. dem Grad der Volitionalität hinsichtlich des Subjekts (Sorace 2000, S. 882). Basierend auf der Generalisierung des Auxiliarselektionsmusters in einigen romanischen und germanischen Sprachen geht Sorace (ebd., S. 886) davon aus, dass Verben mit telischer Ortsveränderung am wahrscheinlichsten BE wählen. Verben mit „controlled, unaffecting, nonmotional processes" wählen sprachübergreifend am wahrscheinlichsten HAVE. So scheinen die Auxiliarselektion der ASH die Distinktion unter intransitiven Verben bezüglich der Agentivität und der Telizität, die miteinander invers korrelieren, zu reflektieren.

Soraces (2000) Annahme, dass die Kernverben der ASH sprachübergreifend und sprachspezifisch stabile Auxiliarselektion aufweisen, wird durch die empirische Studie in Keller/Sorace (2003) unterstützt. Die *change of location*- und *controlled process (non-motional)*-Klasse bilden das Perfekt mit dem in der ASH erwarteten Auxiliar konsistent. Allerdings wird die Korrelation zwischen Agentivität und HAVE bzw. zwischen Telizität und BE in der ASH aber nicht völlig empirisch unterstützt. Erstens wird die Vorhersage, dass BE generell akzeptabler mit *transitions*- und *states*-Verben sein sollte und HAVE generell mit atelischen Prozessverben bevorzugt werden sollte (ebd., S. 75 f.), in den Experimenten aufgrund der *continuation of state*- und *controlled process (motional)*-Klassen nicht bestätigt. Die *continuation of state*-Verben bezeichnen nach Keller/Sorace das Andauern eines bereits bestehenden Zustands und drücken die Verneinung einer Veränderung aus. Nach der Prognose (7a) lassen sie sich den BE-Klassen, die mit der Telizität korrelieren, zuordnen. Allerdings widerspricht die signifikante Präferenz für HAVE in animater (vgl. 1. Experiment, Tabelle 5) und inanimater Kondition (vgl. 2. Experiment, Tabelle 6) der Prognose für diese Klasse.[21] Für atelische volitionale Bewegungsverben, die in der Nähe vom unergativischen Ende der Hierarchie stehen, wird eine Präferenz für HAVE erwartet. Aber die Resultate zeigen eine starke Bevorzugung von BE, was der Korrelation zwischen Agentivität und HAVE nicht entspricht (vgl. 1. Experiment, Tabelle 5).

Ferner erschwert die sprachspezifische Präferenz der Bewegungsverben bezüglich der Auxiliarselektion, z. B. dass im Niederländischen die Telizisierung des Kontexts zum Auxiliarwechsel führen kann (vgl. Beispiele (6a und b) in Kap. 2.1), aber im Deutschen BE generell bevorzugt wird[22] (vgl. Sorace

---

21 Obwohl Keller/Sorace (2003, S. 102) keine ausreichende Erklärung für das unerwartete Resultat bieten können, vermuten sie, dass die Verben im Deutschen wahrscheinlich auf eine andere Weise konzeptualisiert werden, d. h. „as processes rather than continuations of a pre-existing state". Diese Vermutung ist jedoch auch problematisch, da nach der ASH die *process*-Klassen von der Agentivität beeinflusst werden sollten.

22 Sorace (2000, S. 876) führte Beispiele mit *tanzen* an, bei dem die Telizisierung des Kontexts zum Auxiliarwechsel führen kann. Allerdings ist das Verb laut Lee-Schoenfeld (2007, S. 127) einziges intransitives Bewegungsverb im Deutschen, das klare Variation in der Auxiliarselektion zeigt.

2000, S. 875 f.), die Aussagekraft der ASH als eine sprachübergreifende Generalisierung (für eine alternative Erfassung der Auxiliarselektion dieser Sprachen siehe u. a. Legendres (2007) optimalitätstheoretischen Ansatz). Des Weiteren ergeben sich hinsichtlich des Agentivitätseffekts Probleme, denn nach der ASH interagiert Agentivität mit Telizität in der Auxiliarselektion. Allerdings zeigt sich in den zwei Experimenten kein Agentivitätseffekt in der *continuation of state-* und *existence of state*-Klasse, bei denen die Agentivität durch Animatheit der Subjekte variiert wurde. So schließen Keller/Sorace (2003, S. 102), dass die Animatheit bzw. Agentivität keine Rolle dabei spielt. Diese Schlussfolgerung ist allerdings fraglich, da die jeweilige Auswahl der Verben für die *continuation of state*-Klasse in den beiden Experimenten nicht identisch ist (vgl. Fußnote 19).

Schließlich kann festgehalten werden, dass, obwohl die ASH auf eine inverse Korrelation zwischen Agentivität und Telizität hinweist, es in den empirischen Studien an überzeugenden Evidenzen mangelt, um die Korrelation zu bestätigen. Aufgrund der den ASH-Prognosen nicht entsprechenden Ergebnisse bleibt die Annahme, dass die Agentivität ein sekundärer Faktor „whose relevance for auxiliary selection is inversely proportional to the degree of telicity of verbs" (Sorace 2000, S. 863) sei, sehr problematisch.

2.3 Auxiliarselektion im Chinesischen

Im Rahmen der ASH für westeuropäische Sprachen wird die Selektion der chinesischen aspektuellen Marker *-le* und *-zhe* in der Lokalinversion untersucht (vgl. Liu 2007; Laws/Yuan 2010; Shan/Yuan 2007). Liu (2007) erfasst die *Hierarchy of auxiliary selection in Chinese* (HAC), die einerseits auffallende Ähnlichkeiten mit der ASH (Sorace 2000) hat und andererseits vielfältige Unterschiede zur ASH, insbesondere hinsichtlich des Agentivitätseffekts, zeigt. Zunächst befasst sich Kapitel 2.3.1 mit der Konstruktion der Lokalinversion. Die HAC, die laut Liu (2007, S. 197) die graduellen Abstufungen der Auxiliarselektion in Soraces (2000) Ansatz unterstützt, wird in Kapitel 2.3.2 dargestellt. Basierend auf Lius Beispielen mit *existence/ continuation of state*-Verben und Bewegungsverben sowie zusätzlichen Sätzen aus den Korpora CCL und BCC wird der Agentivitätseffekt auf die chinesische Auxiliarselektion in Kapitel 2.3.3 näher betrachtet.

2.3.1 Konstruktion Lokalinversion

Die Lokalinversion wird in der Literatur als „presentative sentence/construction" oder „existential sentence/structure" (vgl. Huang 1987; Yang/Pan 2001; Li/Thompson 1989; Hu 1995) bezeichnet. Sie drückt mit der Struktur *Lok+V+Asp+NP*[23] hauptsächlich undynamische Existenz, Erscheinen oder Verschwinden einer Entität aus. *Asp* bezieht sich auf zwei sehr häufig angewendete Aspektmarker: der imperfektive Marker *-zhe* und der perfektive Marker *-le*.

Die chinesische Lokalinversion charakterisiert sich (hauptsächlich im Unterschied zur englischen Lokalinversion) durch zwei Punkte: Erstens tritt die Präposition wie *zai*, die normalerweise in einem lokativen Adverbial mit einem präverbalen Subjekt auftritt (11a), in der Lokalinversion nicht auf (11b) (Liu 2007, S. 182):

11 a. Henduo ren zhan zai qianmian (ebd.)
many people stand at in-front
'Many people are standing in front.'

b. Qianmian zhan-le henduo ren (ebd.)
in-front stand-LE many people
'In front are standing many people.'

Zweitens können transitive Verben die Lokalinversion bilden, was aber voraussetzt, dass ein externes Argument der Verben in der Lokalinversion unterdrückt werden muss (ebd., S. 187). Das Beispiel (12a) stellt das dreistellige Verb 挂 *gua* 'hang' mit einer Argumentstruktur {Agens, Patiens, Lokalrolle} in der Subjekt-Verb-Objekt-Konstruktion dar. Das Verb wird in der Lokalinversion (12b) detransitiviert und weist auf eine Argumentstruktur {Thema, Lokalrolle} hin. Das Argument 画 *hua* 'painting', das in (12a) als Objekt verstanden wird, ist in der Lokalinversion als Subjekt zu betrachten. Während (12a) ein telisches *Accomplishment* darstellt, drückt die Lokalinversion (12b) einen undynamischen Zustand aus.

---

23 Laut Liu (2007, S. 183) sind die Marker *-le* und *-zhe* bei zusammengesetzten Verben in der Form *V+Direktionales* wie z. B. 吹来 *chui-lai* 'blow-come' beliebig (vgl. auch Hu 1995). Hinsichtlich einfacher Verben können die Aspektmarker mit zwei Ausnahmen nicht auftreten: *shi* 'be' und *you* 'exist'.

12 a. 他 在 墙 上 挂 了 一幅 画。
   ta zai qian shang gua -le yi-fu hua
   he in wall on   hang -LE one-CL painting
   'He hung a painting on the wall.'

   b. Qiangshang gua   -LE/-ZHE yifu   hua (ebd., S. 190)
      wall-on   hang   -LE/-ZHE one-CL   painting
      'On the wall hangs a painting.'

Die detransitivierten Verben wie 挂 *gua* 'hang' in (12b) verhalten sich, wie Liu (ebd., S. 188) annahm, „the same as intransitive verbs" derselben Verbklasse hinsichtlich der Auxiliarselektion in der Lokalinversion.[24] Im Rahmen dieser Arbeit steht die Auxiliarselektion intransitiver Verben in Fokus.

2.3.2 Hierarchie der chinesischen Auxiliarselektion

Die Lokalinversion ist laut Liu (2007, S. 182) „the only environment in Chinese where the issue of auxiliary selection arises". Liu (2007) unterteilt die Verben in der Lokalinversion in drei Gruppen: *change*, *state* und *process*. Tabelle 7 illustriert die Auxiliarselektion verschiedener Verbklassen:

Tabelle 7: Chinesische Auxiliarselektion der Verbklassen (Liu 2007, S. 194)

Verb Types	Auxiliary
change of location/state -definite -indefinte	-le -le/-zhe
continuation of state, existence of state -agentive -non-agentive	-le/-zhe -zhe
non-volitional process	-zhe
volitional process (detransitivized)	-zhe
volitional process (intransitive) expect for *pao* 'run' and *zou* 'walk'	does not enter locative inversion

---

24 Obwohl Liu (2007) auf das identische Verhalten hinsichtlich der Auxiliarselektion zwischen den detransitivierten und intransitiven Verben hinweist, erklärt sie jedoch nicht, wieso die detransitivierten *volitional process*-Verben *-zhe* selektieren und die intransitiven *volitional process*-Verben dagegen die Lokalinversion grundsätzlich nicht bilden (vgl. Tabelle 7).

Nach Liu (2007) bezeichnen die Verben, deren Bedeutung eine Veränderung einschließt, entweder „a change of location, involving an entity going from one location to another" oder „a change of state, whereby an entity transforms to another state". Die *definite change of location*-Verben wie *lai* 'come' (Beispiel (4a) in Kap. 1 wird hier als (13a) wieder angegeben) und die *definite change of state*-Verben wie *lan* 'rot' in (13b), bei denen ein vollendeter Zustand erreicht wird, selektieren *-le*.

13 a. Duimian   lai   -le/*-zhe   yiliang   che (ebd., S. 188)
        opposite-side come   -LE/-ZHE   one-CL   car
        'From the opposite side came a car.'

    b. Lanzi   li   lan   -le/*-zhe   yige   pingguo (ebd.)
        basket in   rot   -LE/-ZHE   one-CL   apple
        'In the basket rotted an apple.'

Für *indefinite change of location (directed motion)*-Verben wie *mao* 'rise' (14a) sind *-le* und *-zhe* wählbar, genauso wie für *indefinite change of state*-Verben wie *zhang* 'grow' (14b), bei denen kein vollendeter Zustand erreicht wird:

14 a. Nar   mao   -le/-zhe   yigu   yan (ebd., S. 189)
        over-there   rise   -LE/-ZHE   one-CL   smoke
        'Over there rises some smoke.'

    b. Tianli   zhang   -le/-zhe   xuduo   daozi (ebd.)
        field-in   grow   -LE/-ZHE   many   rice
        'In the field is growing a lot of rice.'

Die Verben, deren Bedeutung keine Veränderung einschließt, umfassen *existence of state*-Verben wie *zuo* 'sit' (15a und b) und *continuation of state*-Verben wie *liu* 'leave/remain'. Charakteristisch für die *state*-Verben ist: „[i]f volitional control is involved [...], then either marking [*-le* or *-zhe*] is possible; if, on the other hand, no volition is involved, only *-zhe* marking is possible" (ebd., S. 191) (für Beispiele und eine ausführliche Diskussion der *state*-Klassen siehe Kap. 2.3.3).

15 a. Menkou   zuo   -le/-zhe   yige   jingwei (ebd., S. 190)
        doorway   sit   -LE/-ZHE   one-CL   guard
        'At the doorway sits a guard.'

b. Menkou   zuo   *-le/-zhe   yi   dui   shishi (ebd.)
    doorway   sit   -LE/-ZHE   one   pair   stone-lion
    'At the doorway sits a pair of stone lions.'

Die *process*-Verben umfassen die *non-volitional process*-Verben wie *chui* 'blow' (Beispiel (4b) in Kap. 1 wird hier als (16a) wieder angegeben) und die intransitiven *volitional process*-Verben wie *ku* 'cry' (16b). Die erste Klasse selektiert das Auxiliar *-zhe* konsistent. Die intransitiven *volitional process*-Verben wie in (16b) treten in der Lokalinversion außer den beiden Ausnahmen *pao* 'run' (vgl. Kap. 2.3.3) und *zou* 'walk' (16c) grundsätzlich nicht auf. Die Ausnahmen selektieren *-zhe*.

16 a. Waitou   chui   *-le/-zhe   xie   weifeng (ebd., S. 192)
       outside   blow   -LE/-ZHE   some   breeze
       'From the opposite side came a car.'

   b. *Yaolanli   ku-zhe   yige   xiao   yinger (ebd.)
       crib-in   cry-ZHE   one-CL   small   infant
       'In the crib is crying a small infant.'

   c. Qianmian   zou   -zhe   yige   ren (ebd., S. 193)
       front-side walk   -ZHE   one-CL   person
       'In front walks a person'

Nach der Darstellung des bevorzugten Auxiliars jeder Verbklasse fasst Liu (2007) in der Hierarchie der chinesischen Auxiliarselektion drei semantische Determinatoren zusammen:

Tabelle 8: Hierarchy of Auxiliary Selection in Chinese *(Liu 2007, S. 196)*

Semantic Properties	Verb Types	Auxiliary
telic	change (definite)	-le
telic	change (indefinite)	-le/-zhe
atelic, stative, agentive	state	-le/-zhe
atelic, stative, non-agentive	state	-zhe
atelic, dynamic	process	-zhe

Laut Liu (ebd., S. 195) werden Telizität, *Stativity* und Agentivität als Determinatoren für die chinesische Auxiliarselektion festgestellt. Die Telizität trenne als primärer Faktor die telischen Verben, also die *change*-Verben, von den atelischen Verben, die die *state*- und *process*-Verben einschließen. Die telischen Verben wählen *-le*. Die unterschiedlichen Grade in der Telizität reflektieren, ob *-zhe* auch selektiert werden könne. Die atelischen Verben selektieren dagegen grundsätzlich lediglich *-zhe*. Zwei zusätzliche Faktoren, *Stativity* und Agentivität, determinieren, ob die Verben auch *-le* wählen können. Die *Stativity* unterteile die atelischen Verben in *states*-Verben und *dynamic*-Verben. Die dynamischen, atelischen Verben, also die *process*-Verben, selektieren nur *-zhe*. Die *state*-Verben, die nicht-agentivisch sind, selektieren ausschließlich *-zhe*, während die agentivischen *state*-Verben *-zhe* oder *-le* selektieren (ebd.).

Liu (ebd., S. 197) vergleicht ferner die HAC mit der ASH (Sorace 2000) und macht auf Ähnlichkeiten zwischen ihnen aufmerksam: Die Verben an den Enden beider Hierarchien zeigen konsistente Auxiliarselektion und die mittleren Verbklassen verhalten sich variabel. Die Telizität und Agentivität sind gemeinsame Determinatoren für zwei Hierarchien und der Grad der Telizität determiniert, inwieweit die BE-Wahl kategorisch erscheint. Aus diesen Gründen schließt Liu (ebd.), dass die chinesischen Daten Soraces (2000) graduellen Ansatz unterstützen.

Allerdings ergeben sich nach Liu (2007, S. 197) auch Unterschiede zwischen beiden Hierarchien. Eine grundlegende Differenz liegt in der Rolle der Telizität und Agentivität. Laut Liu (ebd.) gebe Sorace (2000) nicht an, wie die Telizität und die Agentivität der ASH im Vergleich miteinander gewichtet werden (vgl. auch Randall 2007, S. 217). Die Telizität werde anscheinend höher eingeschätzt, „because while telic verbs (definite change) select ‚be' regardless of agentivity, agentive verbs do not select ‚have' regardless of telicity" (Liu 2007, S. 197). Aber die Telizität in der HAC spiele eine prominentere Rolle und die Agentivität sei lediglich für die *state*-Verben relevant (ebd.).

Einen besonders interessanten Unterschied, der sich aus Lius Daten ableiten lässt, stellt der Agentivitätseffekt in den *state*-Verben dar. Die Auxiliarselektion der *state*-Verben in der HAC wird über den Faktor Agentivität unterteilt, während diese Distinktion in der ASH fehlt. Tabelle 8 zufolge zeigen nicht-agentivische *state*-Verben die Präferenz für HAVE (*-zhe*). Aber ist ein agentivisches Merkmal beinhaltet, weisen *state*-Verben eine Variation in der Auxiliarselektion auf. Dies liefert einen Hinweis darauf, dass das agentivische Merkmal die Bevorzugung von BE (-*le*) erhöhen kann, was der Korrelation zwischen Agentivität und HAVE in der ASH (vgl. Kap. 2.2.1) eindeutig widerlegt. Im nächsten Abschnitt werden die Verben der HAC, die den verschiedenen Effekt der Agentivität im Vergleich zur ASH aufweisen, näher betrachtet.

2.3.3 Agentivitätseffekt

Bei der chinesischen Auxiliarselektion wird ein Agentivitätseffekt, der sich von dem in der ASH (vgl. Kap. 2.2.1) unterscheidet, durch *state*-Verben in der HAC (Liu 2007) und Beispielsätze aus Korpora deutlich. In diesem Abschnitt werden zuerst die *existence of state*- und *continuation of state*-Verben, die mit animaten Subjekten das Auxiliar BE bevorzugen, dargestellt. Dabei wird an Lius (ebd., S. 190) Position, dass der Agentivitätseffekt bei diesen Klassen mit Animatheit nicht zusammenhänge, Kritik geübt. In dieser Arbeit wird die Auffassung vertreten, dass die Agentivität durch die Animatheit der Subjekte die Auxiliarselektion beeinflusst. Dann werden weitere Beispielsätze mit Bewegungsverben aus den Korpora CCL und BCC angeführt. Diese Beispielsätze liefern einen Hinweis darauf, dass inanimate Subjekte im Gegensatz zu animaten Subjekten eine Präferenz für HAVE zeigen.

Existence of state- und *continuation of state*-Verben

Liu (2007, S. 190) führt für *existence of state*-Verben die Beispiele mit *zuo* 'sit' an (Beispiele (15a und b) werden hier als (17a und b) wieder angegeben). Die Beispiele zeigen eine Präferenz für -*le* und -*zhe* mit einem animaten Subjekt (17a) und eine Bevorzugung von -*zhe* mit einem inanimaten Subjekt (17b).

17 a. Menkou   zuo   -le/-zhe   yige   jingwei (ebd.)
        doorway   sit   -LE/-ZHE   one-CL   guard
        'At the doorway sits a guard.'

    b. Menkou   zuo   *-le/-zhe   yi   dui   shishi (ebd.)
        doorway   sit   -LE/-ZHE   one   pair   stone-lion
        'At the doorway sits a pair of stone lions.'

Weitere Beispiele mit variabler Auxiliarselektion liegen beispielsweise bei den Verben 站 *zhan* 'stand' ((18a und b) vs. (18c)) und 躺 *tang* 'lie' ((19a) vs. (19b)) aus dem Korpus CCL vor:

18 a. 窗　　前　　站　　了　　一个　　人。(CCL)
　　　chuang　qian　zhan　-le　yi-ge　ren
　　　window　front　stand　-LE　one-CL　person
　　　'A person stands in front of the window.'

　　b. 门口　　站　　着　　一个　　人。(CCL)
　　　men-kou　zhan　-zhe　yi-ge　ren
　　　doorway　stand　-ZHE　one-CL　person
　　　'A person stands at the doorway.'

　　c. 池子　　当中　　站　　着　　一个 [...] 女神像。(CCL)
　　　chi-zi　dang-zhong　zhan　-zhe　yi-ge　nv-shen-xiang
　　　pond　center　stand　-ZHE　one-CL　goddess-sculpture
　　　'A sculpture of goddess stands in the center of the pond.'

19 a. 床　　上　　躺　　了/着　　一个　　人[...]。(CCL)
　　　chuang　shang　tang　-le/-zhe　yi-ge　ren
　　　bed　on　lie　-LE/-ZHE　one-CL　person
　　　'A person lies on the bed.'

　　b. 床　　下　　躺　　着　　几双[...]　　鞋。(CCL)
　　　chuang　xia　zhan　-zhe　ji-shuang　xie
　　　bed　under　stand　-ZHE　several-pair　shoe
　　　'Several pairs of shoes lie under the bed.'

Aus den bestehenden Beispielen wird ersichtlich, dass das agentivische Merkmal durch animate Subjekte die Akzeptabilität von *-le* erhöht. Die empirische Studie in Laws/Yuan (2010) unterstützt diesen Animatheitseffekt. In ihrer Studie wurde die Akzeptabilität der *continuation of condition*-Verben und der *existence of state (positional)*-Verben jeweils mit animaten bzw. inanimaten Subjekten bewertet. Den Ergebnissen zufolge wurde *-le* mit den animaten Subjekten in den beiden Klassen signifikant besser bewertet als mit den inanimaten Subjekten.

Liu (2007, S. 190) lehnt allerdings aufgrund des Verhaltens des detransitivierten Verbs in (20a und b) den Zusammenhang zwischen Agentivität und Animatheit in (17a und b) ab. Wie bereits in Kapitel 2.3.1 erwähnt, nimmt Liu an, dass die intransitiven und detransitivierten Verben das identische Auxiliarselektionsmuster haben. Nach Liu erscheint der Zustand in (20a) als ein Resultat einer volitionalen Handlung und benötigt darum ein Agens. In diesem Satz sind *-le* und *-zhe* wählbar. Der Zustand in (20b) ist ein Resultat der Naturkraft und erfordert dagegen kein Agens. Nur *-zhe* kann selektiert werden.

20 a. Qiangshang gua -LE/-ZHE yifu hua (ebd.)
 wall-on hang -LE/-ZHE one-CL painting
 'On the wall hangs a painting.'

 b. Tianshang gua-*le/-zhe yi lun mingyue (ebd.)
 sky-on hang-LE/-ZHE one -CL bright-moon
 'In the sky hangs a bright moon.'

Die Animatheit der Subjekte in den Sätzen (20a und b) mit verschiedener Auxiliarselektion unterscheidet sich nicht, was wiederum beweist: „it is not animacy, but agentivity or volitionality, which is responsible für the behavior of these sentences" (ebd., S. 191). So erklärt Liu für die Beispiele (17a und b) und (20a und b) (ebd., S. 190):

> In (22b) [(20a) in der vorliegenden Arbeit, n. V.] the state of hanging exists as a result of a volitional act, whereas in (24b) [(20b), n. V.] the state of hanging exists as a result of natural force. In other words, in (22b) [(20a), n. V.] the hanging of a painting requires an agent, while in (24b) [(20b), n. V.] the hanging of the moon does not. Similarly, the contrast between (22a) [(17a), n. V.] and (24a) [(17b), n. V.] is also due to volitionality. A guard sitting is a volitional act, whereas a stone lion sitting is not. When volitionality or agentivity is absent, variation also disappears. As a result, only *-zhe* is selected.

In einer ähnlichen Weise formuliert Liu den Agentivitätseffekt für das *continuation of state*-Verb *liu*, das in ihrem Ansatz mit 'leave' übersetzt wird: In (21a) sei ein Zettel an der Tür das Resultat der volitionalen Handlung; der Zettel könne nicht von selbst an der Tür auftauchen. In dieser Kondition sei sowohl *-le* als auch *-zhe* möglich. In (21b) würden Überreste des Kriegs dagegen ohne Intervention eines Agens hinterlassen. In dieser Kondition werde lediglich *-zhe* gebraucht. Auf diese Weise variiere die Auxiliarselektion, abhängig davon, ob das Verb agentivisch oder nicht-agentivisch erscheine (ebd., S. 192).

21 a. Menshang   liu   -le/-zhe   yige   zitiao (ebd.)
      door-on   leave   -LE/-ZHE   one-CL   note
      'On the door was left a note.'

   b. Chengshili hai   liu   *-le/-zhe   zhanzheng de   yiji (ebd.)
      city-in   still   leave -LE/-ZHE   war   DE   relics
      'In the city are still left relics of the war.'

In dieser Arbeit wird jedoch die Meinung vertreten, dass die variable Auxiliarselektion der intransitiven *state*-Klassen von der Agentivität durch die Animatheit der Subjekte beeinflusst wird. Der fehlende Zusammenhang zwischen Animatheit und Agentivität in Lius Annahme ist vermutlich darauf zurückzuführen, dass Liu verschiedene Argumentstrukturen zwischen transitiven Verben (die in der Lokalinversion detransitiviert werden, z. B. *gua* 'hang') und eindeutig intransitiven Verben (z. B. *zuo* 'sit') mit präverbalen Subjekten nicht berücksichtigte. Das detransitivierte Verb *gua* 'hang' in der Lokalinversion (20a und 20b) hat die Argumentstruktur {Thema, Lokalrolle}. Charakteristisch ist, dass das detransitivierte Verb sowohl einen transitiven Satz mit einem Agens (z. B. 'He hung a painting on the wall') als auch einen intransitiven Satz ohne Agens (z. B. 'The moon hangs in the sky') in der Subjekt-Verb-Konstruktion bilden kann. Es scheint so, dass Lius Bestimmung, ob Agentivität in den Situationen (20a) und (20b) beteiligt ist, nicht auf der Argumentstruktur der Lokalinversion basiert, sondern auf der Argumentstruktur in der umgeschriebenen Subjekt-Verb-Konstruktion. Basierend auf der Argumentstruktur {Agens, Patiens, Lokalrolle} im transitiven Satz kann der Zustand in der Lokalinversion (20a) als ein Resultat einer volitionalen Handlung betrachtet werden. Allerdings scheint der Zustand in (20b) mit {Thema, Lokalrolle} nicht durch den Faktor Agentivität beeinflusst zu werden, denn das Verb mit 'moon' kann nicht in einem transitiven Satz (z. B. 'He hangs the moon in the sky') formuliert werden.

Im Gegensatz dazu ist das Verb *zuo* 'sit' eindeutig intransitiv, sowohl in der Subjekt-Verb-Konstruktion als auch in der Lokalinversion. Demzufolge ist die Agentivität in der Lokalinversion mit diesem Verb stets von der Argumentstruktur der Lokalinversion abhängig. Wäre das Subjekt animat wie in (17a), hätte der Satz die Struktur {Agens, Lokalrolle}. Das Agens 'guard' weist Kontrolle über das eigene Handeln auf und der Satz selektiert *-le* und

-zhe. Wäre das Subjekt inanimat wie in (17b), hätte der Satz die Argumentstruktur {Thema, Lokalrolle}. Das Argument 'stone-lion' zeigt keine Volitionalität[25] und der Satz bevorzugt ausschließlich -zhe. Diese Beispiele mit dem *existence of state*-Verb *zuo* 'sit' machen deutlich, dass die Agentivität durch die Animatheit der Subjekte entschieden wird (für eine weitere Diskussion hinsichtlich des Zusammenhangs zwischen Animatheit und Agentivität siehe Kap. 3.2) und das agentivische Merkmal das Auxiliar BE bevorzugt.

Ebenso problematisch ist das *continuation of state*-Verb *liu* in Lius Beispiel (21a und b). In der Subjekt-Verb-Konstruktion ist das Verb *liu* entweder als transitiv 'leave something behind' oder als intransitiv 'remain' zu verstehen. Das Verb in (21b) hat meiner Meinung nach eine detransitivierte Lesart ('leave something behind') wie in (21a): Menschen entscheiden sich, Relikte des Kriegs, anstatt sie abzuräumen, zu bewahren.

Für die Forschung zum Agentivitätseffekt bei dieser Klasse ist die intransitive Lesart des Verbs *liu* 'remain' wichtig. Die intransitive Lesart des Verbs stellen die folgenden Beispiele aus dem Korpus BCC dar:

22 a. 镜子　　上[...]　留　　着　　一层　　雾。(BCC)
　　　 jing-zi　shang　liu　　-zhe　yi-ge　　wu
　　　 mirror　on　　 remain -ZHE　one-CL　vapour
　　　 'A veil of vapour remains on the mirror.'

　　b. [...]车　 的　　旁边[...]　　留　　着　　一个　　人。(BCC)
　　　 che　　 de　　pang-bian　　liu　　-zhe　yi-ge　　ren
　　　 car　　 DE　 beside　　　　remain　-ZHE　one-CL　person
　　　 'A person remains close to the car.'

　　c. [船]　　上面[...]　　留　　了　　一位　　船员[...]。(BCC)
　　　 chuan　shang-mian　liu　　-le　　yi-ge　 chuan-yuan
　　　 ship　　on　　　　 remain　-LE　 one-CL　shipman
　　　 'A shipman remains on the ship.'

---

25 Falls das Aufhängen einer Malerei in (20a) ein Agens braucht, sollte das „Sitzen" der Skulptur vor dem Eingang in (17b) auch die Beteiligung eines Agens benötigen, weil die Skulptur von Menschen zum Eingang bewegt werden muss. Laut Liu (2007, S. 190) zeigt nur die erste Situation die Volitionalität, die letzte Situation jedoch nicht. Dies liefert wiederum den Beweis der Widersprüchlichkeit von Lius Annahme.

Die Existenz des Wasserdampfs auf einem Spiegel in (22a) ist nicht unmittelbar von einem Agens verursacht, obwohl der Zustand möglicherweise ein Resultat einer menschlichen Handlung (z. B. Duschen im Badezimmer) ist. Das Verweilen eines Menschen in (22b und c) hängt viel eher mit der Volitionalität zusammen. Die drei Sätze mit dem *continuation of state*-Verb *liu* 'remain' weisen die identische Variation mit Lius Beispielen mit dem *existence of state*-Verb *zuo* 'sit' (17a und b) auf, und zwar, dass die animaten Subjekte -*le* und -*zhe* wählen und die inanimaten Subjekte nur -*zhe* selektieren.

Schließlich kann festgestellt werden, dass die Agentivität durch die Animatheit die Auxiliarselektion hinsichtlich der *continuation/existence of state*-Verben beeinflusst. Das animate Subjekt erhöht die Bevorzugung von BE.

Volitional (motional)- vs. *non-volitional (motional)-*Verben

Ein weiterer Hinweis für den Agentivitätseffekt liegt in der Präferenz für -*zhe* bei den Bewegungsverben mit animaten Subjekten. Der HAC zufolge treten die volitionalen Verben einschließlich volitionaler Bewegungsverben grundsätzlich nicht auf. Dafür führt Liu (2007, S. 193) Beispiele mit dem Verb *you* 'swim' an. Das Verb ist mit einem menschlichen Subjekt in (23a) nicht akzeptabel, aber erscheint mit einem animaten, nicht-menschlichen Subjekt in (23b) angemessen:

   23 a. *Chili   you   -zhe   yige   nianqing   ren (ebd.)
         pool-in   swim   -ZHE   one-CL   young   man
         'In the pool is swimming a young man.'

      b. Chili   you   -zhe   yixie   yazi (ebd.)
         pool-in   swim   -ZHE   some   ducks
         'In the pool are swimming some ducks.'

Die Beispiele verdeutlichen, dass die Animatheit auf niedriger Ebene (menschlich > animat, nicht-menschlich > inanimat (Næss 2007, S. 181)) die Präferenz für -*zhe* erhöht. Dementsprechend zeigen die Sätze aus dem Korpus CCL, dass die Verben 飞 *fei* 'fly' und 爬 *pa* 'crawl' mit Tieren (24a und c) oder inanimaten Objekten (24b) einhergehen können. Verben mit menschlichen Subjekten in der Lokalinversion befinden sich kaum in dem Korpus.

24 a. [...]草丛 里 飞 着 两个 粉蝶[...]。(CCL)
    cao-cong li fei -zhe liang-ge fen-die
    herbosa in fly -ZHE two-CL pink-butterfly
    'Two pink butterflies are flying in the ferbosa.'

b. 外面[...] 飞 着 雪花。(CCL)
    wai-mian fei -zhe xue-hua
    outside fly -ZHE snowflake
    'Outside fly snowflake.'

c. 紫罗兰 上 爬 着 一只 毛毛虫。(CCL)
    zi-luo-lan shang pa -zhe yi-zhi mao-mao-chong
    violet on crawl -ZHE one-CL carpenterworm
    'A carpenterworm is crawling on the violet.'

Liu (2007, S. 193) gibt ferner die Ausnahme *pao* 'run' in der *volitional process*-Klasse der HAC, die mit -*zhe* die Lokalinversion bilden kann, an:

25 a. Lushang pao -zhe yige ren (ebd.)
    road-on run -ZHE one-CL person
    'On the road runs a person.'

Wäre die Annahme, dass die Nicht-Agentivität die Bevorzugung von -*zhe* verstärkt, korrekt, könnte erwartet werden, dass das Verb *pao* 'run' mit der Animatheit auf niedriger Ebene, also Tieren oder inanimaten Subjekten, akzeptabel ist.[26] Die folgenden Beispiele mit dem animaten,

---

26 Die andere Ausnahme stellt *zou* 'walk' dar (Liu 2007, S. 193). Das Verb wird kaum mit inanimaten Subjekten kombiniert, ebenso in der Lokalinversion und in der Subjekt-Verb-Konstruktion. Dies begründet sich vermutlich durch die lexikalische Bedeutung des Verbs: Das Verb wird für das menschliche Laufen spezifiziert. Der Beweis findet sich in den alten chinesischen Schriften für das Verb, z. B. sieht ein altes Ideogramm so aus: 夨 (auf der Webseite „Transfer zwischen modernen Zeichen und *Jin* Zeichen": http://www.zitizhuanhuan.com/jinwen/ (abgerufen am 11.03.15)). Der obere Teil des Zeichens illustriert einen Menschen mit schwenkenden Armen und der untere Teil stellt die Füße eventuell mit Schuhen dar. Das Zeichen bedeutet das menschliche Laufen durch Füße, das in der Entwicklung der Schriftanwendung möglicherweise auf die Menschen beschränkt und nicht auf die Bewegung eines Tieres oder inanimaten Objekts erweitert wird.

nicht-menschlichen Subjekt 野狗 *ye-gou* 'wild-dog' und dem inanimaten Subjekt 汽车 *qi-che* 'car' aus dem Korpus CCL unterstützen diese Erwartung:

26 a. [...]街 上 跑 着 许多 野狗 [...]。(CCL)
jie shang pao -zhe xu-duo ye-gou
street on run -ZHE many
'In the street are running many wild dogs.'

b. [...] 黄河桥 上 跑 着 汽车[...]。(CCL)
huang-he-qiao shang pao -zhe qi-che
yellow-river-bridge on run -ZHE car
'On the bridge of yellow river are running cars.'

Es lässt sich nun ohne weitere Untersuchung nicht festlegen, ob die Akzeptabilität von *-zhe* mit menschlichem Subjekt wie in (25) schlechter bewertet wird als mit anderen Subjekten wie in (26). Allerdings deuten die zusätzlichen Beispiele aus dem Korpus darauf hin, dass das Verb *pao* 'run' mit inanimatem Subjekt kombinieren und *-zhe* bevorzugen kann. Dies entspricht zumindest der Präferenz für HAVE in der nicht-agentivischen Kondition.

Zusammengefasst kann gesagt werden, dass sich der Agentivitätseffekt in der HAC von dem in der ASH (Sorace 2000) deutlich unterscheidet. Nach ASH-Prognosen korreliert die Agentivität stark mit HAVE und die Telizität stark mit BE (ebd., S. 861 f.; vgl. Kap. 2.2.1). In der HAC korreliert die Telizität ebenfalls mit BE. Telische Verben selektieren demnach BE (*-le*) und atelische Verben bevorzugen HAVE (*-zhe*). Allerdings spielt die Agentivität hinsichtlich der Zustandsverben eine andere Rolle als in der ASH: Die agentivische Kondition zeigt eine Bevorzugung von BE, ebenso wie die telische Kondition. Zudem zeigen Lius (2007) Beispiele, dass das Bewegungsverb mit HAVE und menschlichem Subjekt nicht akzeptabel ist. Außerdem deuten die Korpusdaten darauf hin, dass hinsichtlich der Bewegungsverben die inanimaten bzw. animaten, nicht-menschlichen Subjekte mit HAVE zusammen auftreten können. Dies deutet auf die Präferenz für HAVE beim nicht-agentivischen Merkmal für diese Verben hin.

2.4 Interaktion zwischen Agentivität und Telizität in den vorliegenden Studien

Der Agentivitätseffekt in der chinesischen Lokalinversion, der durch Lius (2007) Beispiele und Korpusdaten angedeutet wird (vgl. Kap. 2.3.3), unterscheidet sich vom Agentivitätseffekt in der ASH (Sorace 2000). Dieser Unterschied resultiert vermutlich daraus, dass die Auxiliarselektion in der ASH als syntaktische Reflexe für die Distinktion zwischen unakkusativischen und unergativischen Verben betrachtet wird, aber dies für die Auxiliarselektion in der chinesischen Lokalinversion nicht zutrifft.

Laut Liu (2007, S. 198–203) ist die Beweislage dafür, dass die *-le/-zhe*-Wahl eine syntaktische Repräsentation für Unakkusativität/Unergativität im Chinesischen darstellt, nicht stark, denn „there is little agreement in previous analyses as to what is an unaccusative diagnostic in Chinese" (ebd., S. 204). So konzentriert Liu sich für die variable Auxiliarselektion der *state*-Verbklasse auf die unterschiedliche thematische Struktur in den individuellen Beispielen derselben Klasse, ohne dass die *-le/-zhe*-Wahl in Verbindung mit der Unakkusativität/Unergativität gebracht wird. Die Auxiliarselektion der *state*-Verben wurde jeweils in der animaten bzw. inanimaten Kondition geprüft. Die bessere Akzeptabilität von *-le*, also BE, in der animaten Kondition als in der inanimaten Kondition ist nach Liu auf die Agentivität zurückzuführen. Das heißt, das agentivische Merkmal erhöht die Bevorzugung von BE, ebenso wie das telische Merkmal, was auf eine positive Korrelation zwischen Agentivität und Telizität hinweist.

In der ASH (Sorace 2000) wird dagegen eine inverse Korrelation zwischen Agentivität und Telizität in der Auxiliarselektion postuliert. Agentivität in der ASH korreliere grundsätzlich mit Unergativität; *Patienthood* korreliere mit der Unakkusativität (Keller/Sorace 2003, S. 58). Die Argumente bei telischen Ortsveränderungsverben wie *arrive*, die am BE-Ende der Hierarchie als „core unaccusative" bestimmt werden, werden als Patiens interpretiert, unabhängig von der Animatheit der Argumente. Die Argumente bei Bewegungsverben, die in der Nähe der „core unergative"-Klasse stehen, werden darum als Agens angenommen, obwohl die Verben teilweise mit inanimaten Subjekten zusammen auftreten können. Der Einfluss des Faktors Animatheit auf die Auxiliarselektion von eindeutigen unakkusativischen bzw. unergativischen Verben wurde empirisch nicht untersucht.

Für die Untersuchung zur Interaktion zwischen Agentivität und Telizität in Bezug auf die Auxiliarselektion sollen die zwei Merkmale in einem neuen Experiment vollständig gekreuzt werden. Betrachte man die Bewegungsverben im Deutschen. Für diese Klasse wurden die Verben in der empirischen Studie (Keller/Sorace 2003) nur mit animaten Subjekten getestet. Die mögliche Kombination der Verben mit inanimaten Subjekten wie in (27a) wurde jedoch in der Untersuchung nicht berücksichtigt. Es wurde auch nicht darauf eingegangen, ob die Variation des Faktors Animatheit die Auxiliarselektion für diese Klasse beeinflusst (27a vs. b).

27 a. Das Brett ist/?hat geschwommen.
    b. Die Frau ist/?hat schnell geschwommen. (ebd., S. 70)

Ferner ist problematisch, dass Bewegungsverben wie 'swim', welche die Art und Weise einer Bewegung bestimmen, in der ASH als atelisch angenommen werden. Der Grund für diese Klassifizierung liegt wahrscheinlich darin, dass die Verbklasse im Italienischen, Niederländischen und Französischen normalerweise HAVE selektiert (Sorace 2000, S. 875), was nach Sorace (ebd., S. 886) grundsätzlich mit einem atelischen Prozess korreliert. Bei näherer Betrachtung kann aber festgestellt werden, dass diese Verben hinsichtlich der Telizität flexibel sind, da sie im Wesentlichen eine unspezifische Ortsveränderung des Arguments bezeichnen. Diese Verben bezeichnen, dass die Entität in der Bewegung ihre Position auch ohne Zieladverbial, d.h. auch in atelischen Kontexten, verändert (vgl. Graf et al. 2017). Die Telizität wird nicht lediglich von der lexikalischen Bedeutung der Verben, sondern explizit durch zusätzliche lokative Adverbiale oder Ziel-Adverbiale repräsentiert. Das Verb *schwimmen* im Satz mit einem lokativen Adverbial wird als eine atelische *Activity* (28a) und mit einem Ziel-Adverbial als ein telisches *Accomplishment* interpretiert (28b). Die telische und atelische Lesart lässt sich durch die Kompatibilität mit einem Zeitdauer- und Zeitrahmenadverbial feststellen (vgl. Kap. 3.1).

28 a. Die Frau schwamm (zwei Stunden) im See.   (animat, atelisch)
    b. Die Frau schwamm (in zwei Stunden) zur   (animat, telisch)
       Schleuse.

Zudem können Bewegungsverben, beispielsweise *schwimmen*, im Deutschen mit animaten (28) und inanimaten Subjekten (29) zusammen auftreten (im

Gegenteil zu *swim* im Englischen und 游 *you* 'swim' im Chinesischen), ebenso im telischen und atelischen Kontext. Im Kontext mit einem animaten Subjekt wird der Satz so verstanden, dass die Bewegung unter Kontrolle des Agens steht. Im Kontext mit einem inanimaten Subjekt wird die semantische Rolle des Arguments als Thema betrachtet, und zwar, dass das Argument sich unvolitional bewegt.

29 a. Das Brett schwamm im See. (inanimat, atelisch)
b. Das Brett schwamm zur Schleuse. (inanimat, telisch)

Aufgrund der Kompatibilität der Bewegungsverben mit (a)telischem und (in)animatem Kontext entsteht die Möglichkeit, die Korrelation zwischen Agentivität und Telizität in Bezug auf die Auxiliarselektion zu untersuchen, denn mit den Bewegungsverben können die zwei Merkmale in einem neuen Experiment vollständig gekreuzt werden.

Für das Forschungsthema werden im vorliegenden Experiment mehrere Bewegungsverben in jeweils mehreren chinesischen Sätzen untersucht (vgl. Kap. 4.2). Analog zu den oben genannten deutschen Beispielen (28a und b) und (29a und b) sind die chinesischen Bewegungsverben hinsichtlich der Telizität und Agentivität unspezifisch. Die Verben werden mit präverbalen Subjekten getestet, anders als die Konstruktion mit postverbalen Subjekten in Lius Analyse. Die Gründe dafür werden im nächsten Abschnitt erläutert.

2.5 Probleme mit der Lokalinversion

Die Lokalinversion gilt für die Überprüfung der Korrelation zwischen Agentivität und Telizität in der chinesischen Auxiliarselektion nicht als geeignet, weil sich beide Merkmale, Telizität und Agentivität, in der Lokalinversion nicht vollständig überkreuzen lassen.

Wie bereits in Kapitel 2.4 angedeutet, werden im vorliegenden Experiment die Bewegungsverben wie 飞 *fei* 'fly' mit animaten und inanimaten Subjekten sowie mit telischen und atelischen Adverbialen getestet. Da beim initialen Adverbial in der Lokativinversion die Präposition wegfällt, kann die Telizität in dieser Konstruktion nicht manipuliert werden.

In der Darstellung der Konstruktion Lokalinversion (vgl. Kap. 2.3.1) wurde bereits erwähnt, dass die Präposition im initialen Adverbial nicht auftritt (vgl. Liu 2007, S. 182). Nimmt man beispielsweise das Verb 飞 *fei*

53

'fly', dann kann das atelische Bewegungsverb in der Lokalinversion nur -*zhe* selektieren:[27]

30	草丛	里	飞	着	两个	粉蝶。(CCL)
	cao-cong	*li*	*fei*	*-zhe*	*liang-ge*	*fen-die*
	grass	inside	fly	-ZHE	two-CL	pink-butterfly

'Two pink butterflies are flying in the grass.'

Wenn die Lokalinversion in die Subjekt-Verb-Konstruktion geändert wird,[28] entstehen mindestens zwei Möglichkeiten hinsichtlich der Adverbiale: eine mit der Präposition 在 *zai* 'in' wie in (31a) und die andere mit dem RVC (Resultativ-Verb-Komplement) 到 *dao*[29] wie in (31b). Eine normale Präpositionalphrase mit einem präverbalen Subjekt beinhaltet eine Präposition, eine NP und eine lokative Partikel. Die Partikel drückt die lokative Beziehung zwischen Entität und Ort (z. B. 里 *li* 'inside' in (31a und b); für eine detaillierte Anwendung siehe Li/Thompson 1989, S. 390–395) aus und wird normalerweise in der Lokalinversion nicht weggelassen. Die Präposition 在 *zai* 'in' in (31a) markiert normalerweise einen Ort, an dem ein gesamtes dynamisches Ereignis stattfindet oder ein nicht-dynamischer Zustand existiert. Das RVC 到 *dao* in (31b) markiert eine telische Bewegung. Die NP 草丛 *cao-cong* 'grass' (mittelbar oder unmittelbar) nach dem Komplement drückt den Endpunkt der Bewegung aus.

---

27 Nach der HAC selektiert die *non-volitional process*-Klasse *-zhe* und die *volitional process*-Klasse darf die Lokalinversion nicht bilden. Es scheint in Lius (2007) Ansatz so, dass Tiere mit Bewegungsverben als Argumenten (z. B. (23b)) der *non-volitional process*-Klasse angehören, obwohl die Tiere als „actors who choose what to do rather than as objects totally dependent on outside influences […]" (Griffin 2013, S. 17) betrachtet werden sollten.
28 Die Position des Auxiliars ist flexibel, d. h. in den folgenden Beispielen steht *-zhe* immer direkt nach einem Verb, aber *-le* kann entweder direkt nach dem einzigen Verb im Satz oder indirekt nach einem Hauptverb beispielsweise in einer Konstruktion mit einem Resultativ-Verb-Komplement (z. B. (31b)) stehen.
29 In der vorliegenden Arbeit wird 到 *dao* als RVC, welches das Erreichen eines Endpunkts ausdrückt, definiert, obwohl die Wortart für 到 *dao* in der Literatur unterschiedlich bezeichnet wurde (z. B. Li/Thompson 1989, S. 409; Po-Ching/Rimmington 2015, Kap. 8.6).

31 a. 两个   粉蝶   在   草丛   里   飞   着。
     liang-ge *fen-die*   *zai*   *cao-cong* *li*   *fei* *-zhe*
     two-CL   pink-butterfly   in   grass   inside fly   -ZHE
     'Two pink butterflies are flying in the grass.'

   b. 两个   粉蝶   飞   到   了   草丛   里。
     liang-ge *fen-die*   *fei*   *dao*   *-le*   *cao-cong* *li*
     two-CL   pink-butterfly   fly   -RVC   -LE   grass   inside
     'Two pink butterflies have flied to the grass.'

Aus den Beispielen oben wird ersichtlich, dass das Bewegungsverb im atelischen Kontext mit 在 *zai* 'in' und im telischen Kontext mit 到 *dao* jeweils *-zhe* (31a) bzw. *-le* (31b) bevorzugt. Allerding kann nur *-zhe* mit demselben Verb in der Lokalinversion auftreten (30), während das Auxiliar *-le* dies nicht kann. So lässt sich die Telizität der Adverbiale durch das Auxiliar, das mit Verben kompatibel erscheint, möglicherweise vorhersagen. Bewegungsverben in der Lokalinversion können nur mit dem imperfektiven Marker *-zhe* auftreten, was bedeutet, dass ihre Adverbiale ausschließlich als atelisch angesehen werden muss.

Weiteres Beispiel dafür, dass die Telizität in der Lokalinversion nicht unabhängig von Auxiliarwahl manipuliert werden kann, ist das Verb 走 *zou* 'walk'. Im Gegensatz zu 飞 *fei* 'fly' kann das volitionale Verb 走 *zou* 'walk' in der Lokalinversion nicht nur mit *-le*, sondern auch mit *-zhe* auftreten. Dieses Verb ist für Liu (2007) eine Ausnahme, da es in der Lokalinversion mit einem animaten Subjekt und *-zhe* zusammen auftreten kann (Beispiel (16c) in Kap. 2.3.2 wird hier als (32a) wieder angegeben). Allerdings kann das Verb mit dem animaten Subjekt auch mit *-le* zusammen auftreten (32b), repräsentiert dann aber eine andere Leseart: die Ortsveränderung, was in Hus (1995) Aufsatz als „disappearance sentence" bezeichnet wird.

32 a. Qianmian   zou   -zhe   yige   ren (Liu 2007, S. 193)
     front-side walk   -ZHE   one-CL   person
     'In front walks a person'

   b. 屋里走了一个人。(Hu 1995, S. 104)
     Wu   li   zou   le   yi   ge   ren.
     Room   inside   leave   PRT   one   CL   person
     "A person has left the room."

Für die Beziehung zwischen semantischer Bedeutung des Verbs und Auxiliar, das je nach Verbbedeutung unterschiedlich selektiert wird, erläutert Hu (ebd., S. 103): „[...] the semantic core of verbs like [...] *zou* is to indicate the manner of certain movement. Only when they occur with certain aspectual markers in specific syntactic constructions do they denote any aspectual situations". Das bedeutet, das aspektuelle Merkmal der Lokalinversion bzw. Telizität der initialen Adverbiale ohne Präpositionen wird durch das mit dem Verb zusammen auftretende Auxiliar bestimmt. Siehe die folgenden Sätze mit präverbalen Subjekten jeweils mit *-zhe* (33a) bzw. *-le* (33b). Der Satz (33a) mit atelischem Adverbial teilt mit (32a) das gemeinsame Auxiliar *-zhe*. Der Satz (33b) teilt mit (32b) das gemeinsame Auxiliar *-le*. Das Adverbial mit 从 *cong* 'from' in (33b) drückt eine Ortsveränderung aus.

33 a. 一个　　人　　在　　屋　　里　　走　　着。
  yi-ge　*ren*　*zai*　*wu*　*li*　*zou*　*-zhe*
  one-CL　person　in　room　inside　walk　-ZHE
  'A person is walking in the room.'

 b. 一个　　人　　从　　屋　　里　　走　　了。
  yi-ge　*ren*　*cong*　*wu*　*li*　*zou*　*-le*
  one-CL　person　from　room　inside　walk　-LE
  'A person has walked away from the room.'

Die Beispiele verdeutlichen, dass sich die Adverbiale in der Lokalinversion hinsichtlich der Telizität nicht lexikalisch entscheiden lassen können. Sie tendieren viel eher dazu, im Einklang mit den Auxiliaren, die in derselben Inversion auftreten, interpretiert zu werden: Mit *-zhe* werden die Adverbiale als atelisch und mit *-le* werden sie als telisch angesehen. So kann die Telizität in der Lokalinversion nicht unabhängig von Auxiliaren manipuliert werden, was wiederum beweist, dass diese Konstruktion nicht geeignet für die Überprüfung der Korrelation zwischen den Auxiliaren und der Telizität ist. Im Unterschied dazu kann eine Präposition bzw. ein RVC das aspektuelle Merkmal der Adverbialen in Sätzen mit präverbalen Subjekten determinieren (vgl. (31a und b)).

Der zweite Grund für die Unangemessenheit der Lokalinversion liegt darin, dass die Verben, die einen volitionalen Prozess bezeichnen, grundsätzlich nicht in der Lokalinversion auftreten können (Liu 2007, S. 192) (vgl. (23a) in Kap. 2.3.3). Die Ansicht stimmt mit der grundlegenden Diskursfunktion der Konstruktion überein, und zwar wird die Lokalinversion hauptsächlich angewendet, um die undynamische Existenz einer Entität zu präsentieren. Das Subjekt am Satzende wird eher als Thema verstanden und die Volitionalität bzw. Intention steht kaum im Mittelpunkt der Satzbedeutung.

Nach der Erläuterung der Probleme der Lokalinversion lenken wir den Blick auf die Subjekt-Verb-Konstruktion, bei der Telizität und Agentivität unabhängig manipuliert werden können. Für das Bewegungsverb 飞 *fei* 'fly' beispielsweise zeigen die folgenden Sätze aus den Korpora, dass es mit animaten Subjekten (34a und c) und inanimaten Subjekten (34b und d), atelischer (34a und b) und telischer Konstruktion (34c und d) kompatibel ist (ohne Berücksichtigung der Auxiliarselektion):

34 a. [...]超人　　在　　天　　上　　飞, [...] (BCC)
　　　 chao-ren　zai　tian　shang　fei
　　　 superman　in　sky　on　fly
　　　 'The superman flies in the sky.'

　　b. 风筝　　　在　　空　　中[...]　飞　　着。(BCC)
　　　 feng-zheng　zai　kong　zhong　fei　-zhe
　　　 kite　　　　in　sky　in　　　fly　-ZHE
　　　 'The kite is flying in the sky.'

　　c. [...]动力伞运动员　　　　飞　　上　　　　　蓝天。(CCL)
　　　 dong-li-san-yun-dong-yuan　fei　shang　　　lan-tian
　　　 dynamic-parachute-athlete　fly　-RVC(up to)　blue-sky
　　　 'The parachute athletes fly up to the blue sky.'

　　d. [...]花粉　飞　　到　　了　　[...]果穗　　上。(CCL)
　　　 hua-fen　fei　dao　-le　　guo-sui　shang
　　　 pollen　　fly　-RVC　-LE　pistil　　on
　　　 'The pollen has flown to the pistil.'

Es kann festgestellt werden, dass die Subjekt-Verb-Konstruktion für die Untersuchung der Interaktion zwischen Agentivität und Telizität aus zwei Perspektiven angemessener als die Lokalinversion ist. Erstens kann die Präposition 在 *zai* 'in' bzw. RVC 到 *dao* das aspektuelle Merkmal der Adverbiale in Sätzen mit präverbalen Subjekten entscheiden, während die Telizität der Adverbiale in der Lokalinversion nicht eindeutig definiert werden kann. Zweitens treten Bewegungsverben in der Lokalinversion grundsätzlich nicht mit animaten Subjekten zusammen auf, aber die Bewegungsverben in Sätzen mit präverbalen Subjekten können mit animaten und inanimaten Subjekten kombiniert werden. Für die Untersuchung der Interaktion zwischen Agentivität und Telizität müssen die Variablen vollständig manipuliert werden. Daher sollen die Sätze in der Subjekt-Verb-Konstruktion getestet werden.

3 Variablen im Experiment

Dieses Kapitel widmet sich der Telizität, der Agentivität und der *-le/-zhe*-Wahl im Experiment der vorliegenden Arbeit. Die Telizität lässt sich durch die atelische Präposition 在 *zai* 'in' und das RVC 到 *dao* manipulieren, was in Kapitel 3.1 beschrieben wird. Die Agentivität variiert durch die Animatheit der Subjekte, was in Kapitel 3.2 erläutert wird. Kapitel 3.3 beschäftigt sich mit dem Zusammenspiel zwischen dem Marker *-le/-zhe* und Situationstypen. Analog zu der Lokalinversion (Liu 2007) ist die *-le/-zhe*-Wahl stark vom aspektuellen Merkmal abhängig.

3.1 Telizität

Der Terminus *Aspekt* hat traditionell eine sehr breite Anwendung. Nach Smith (1997, vgl. auch Xiao/McEnery 2004) ist zwischen Situationsaspekt (*situation aspect*, dt. auch *Aktionsart*) und Perspektivenaspekt (*viewpoint aspect*, dt. auch *Aspekt*) zu unterscheiden. Der Unterschied zwischen telisch und atelisch bezieht sich in der vorliegenden Arbeit und in der einschlägigen Forschung auf den Situationstyp. Davon zu trennen ist die Klassifizierung nach Perspektivenaspekt in Perfektiv vs. Imperfektiv und Nicht-Progressiv vs. Progressiv. In der vorliegenden Arbeit beziehen sich die Termini *Aspekt* oder *aspektuelles* Merkmal auf den Situationstyp. Wenn es um Perfektivenaspekt geht, wird explizit dieser Begriff verwendet (vgl. Kap. 3.3).

Der Begriff Telizität bezieht sich in der vorliegenden Arbeit grundsätzlich auf eine implizite oder explizite Referenz auf einen Endpunkt des denotierten Prozesses. Die Bestimmung einer telischen Situation „should be based exclusively on the criterion of actualization of a terminal point" (Declerck 1979, S. 788). Der Terminus *telisch* referiert auf einen Ausdruck, der einen natürlichen Endpunkt impliziert oder das Erreichen eines Ziels ausdrückt. Unter *atelisch* ist ein Ausdruck, der keinen natürlichen Endpunkt impliziert und kein Erreichen eines Ziels ausdrückt, zu verstehen (vgl. Declerck 1979). Das (a)telische Merkmal kann nicht allein am Verb festgemacht werden. Es ergibt sich kompositional aus dem Zusammenspiel eines Verbs mit anderen Satzgliedern (vgl. Verkuyl 1989). Bewegungsverben implizieren, dass die Entität in der Bewegung ihre Position auch ohne Zieladverbial, d. h. auch in atelischen Kontexten, verändert (vgl. Graf et al. 2017). Sie sind in Bezug auf die Telizität unspezifisch, d. h. sie lassen sich hinsichtlich des aspektuellen Merkmals je nach verschiedenen Adverbialen auf unterschiedliche Weise deuten. Ein wichtiger linguistischer Test für die Bestimmung der Telizität ist die Kompatibilität mit Zeitdauer- und Zeitrahmenadverbialen (vgl. Vendler [1957] 1967; Dowty 1979). Siehe die folgenden Beispiele mit einem Bewegungsverb im Englischen:

35 a. John walked in the park for an hour/*in an hour.
     b. John walked to the park *for an hour/in an hour.

Der Satz (35a) mit dem lokativen Adverbial *in the park* ist atelisch und kompatibel mit dem Zeitdaueradverbial *for an hour*. Der Satz (35b) mit dem Ziel-Adverbial *to the park* ist telisch und kompatibel mit dem Zeitrahmenadverbial *in an hour*. Nach Vendlers Klassifizierung in Situationstypen ist das Prädikat in (35a) eine *Activity* und in (35b) ein *Accomplishment*. Das *Accomplishment* kann in der progressiven Form gebraucht werden und bezeichnet dann eine durative Phase der Bewegung, was mit einem Zeitdaueradverbial kompatibel ist:

36   John was walking to the park for an hour.

Im Chinesischen steht das aspektuelle Merkmal bei Bewegungsverben in Abhängigkeit von zusätzlichen Satzgliedern, da durch die Verben lediglich die Art und Weise der Bewegung verdeutlicht wird (vgl. Hu 1995, S. 103). Wie bereits in Kapitel 2.5 angezeigt, repräsentiert ein Bewegungsverb mit einem lokativen Adverbial mit der Präposition 在 *zai* 'in' eine atelische Lesart und in einer resultativen Konstruktion mit dem Komplement 到 *dao* eine telische Lesart. Die Variable Telizität wird im vorliegenden Experiment gezielt folgendermaßen manipuliert: Das RVC 到 *dao*, das mit dem Zeitrahmenadverbial 十分钟之内 'in ten minutes' (37a) kompatibel ist, markiert eine telische Bewegung; die Präposition在 *zai* 'in', die mit dem Zeitdaueradverbial 十分钟 '(for) ten minutes' (37b) kompatibel ist, markiert eine atelische Bewegung:

37 a.   张三   十分钟   之内   走   到   了   公园。
           Zhang-san *shi-fen-zhong* *zhi-nei* *zou* *dao* *-le* *gong-yuan*
           Zhangsan   ten-minutes   within   walk   -RVC -LE park
           'Zhangsan walked to the park in ten minutes.'

b. 张三　　　在　　公园　　里　　　走　　了　　十分钟。
　　Zhang-san　zai　gong-yuan　li　　zou　-le　shi-fen-zhong
　　Zhangsan　in　　park　　inside　walk　-LE　ten-minutes
　　'Zhangsan walked in the park for ten minutes.'

Die telische Konstruktion mit 到 *dao* unterscheidet sich von dem Ziel-Adverbial mit *to* im Englischen. Im Chinesischen ist zwischen der direktionalen Phrase mit Präposition 向 *xiang* 'toward' / 往 *wang* 'toward', die eine Richtung ohne ein Zielerreichung bezeichnet, und der telischen Konstruktion mit 到 *dao*, die ein punktuelles Zielerreichen bezeichnet, zu unterscheiden. Nur Erstere kann die Progressivform bilden:

38　张三　　　　正在　　　走　　向/*到　　　公园。
　　Zhang-san　zheng-zai　zou　xiang/dao　gong-yuan
　　Zhangsan　 PROG　　　walk　towards/-RVC　park
　　'Zhangsan is walking towards the park/*to (reaching) the park.'

Die telische Konstruktion mit 到 *dao* gehört den punktuellen, telischen *Achievements* an. Im Chinesischen gibt es keine Präposition wie *to* im Englischen, die im perfektiven Aspekt das Erreichen eines Endpunktes impliziert, aber in der progressiven Form eine durative Phase bezeichnet.

3.2 Agentivität

Im vorliegenden Experiment wird die Variable Agentivität durch die Animatheit der Subjekte (menschlich animat vs. inanimat) manipuliert. Die Begriffsbestimmung von Agens scheint in der Literatur das animate Argument vorauszusetzen. In Fillmores (1968) Ansatz wurde das Agens als „the case of the typically animate perceived instigator of the action identified by the verb" (ebd., S. 24) definiert. Gruber (1967, S. 943) beschreibt das agentive Verb als „one whose subject refers to an animate object which is thought of as the willful source or agent of the activity described in the sentence". So scheint es, dass ein Agens als semantische Rolle einen animaten Referenten voraussetzt. Allerdings ist dies fraglich: Die Animatheit zählt zu den inhärenten Merkmalen einer NP, aber die semantische Rolle ist ein relationales Konzept und seine Bestimmung ist von der VP abhängig (vgl. z. B. Primus 2012, S. 71; Yamamoto 2006,

S. 45; Fillmore 1977). Das agentivische Merkmal bezieht sich eigentlich auf Entitäten, die in der Lage sind, eine Handlung absichtlich auszuführen oder als Initiator ein Ereignis anzustoßen. In Cruses (1973, S. 21) Definition zeigt sich die Agentivität „in any sentence referring to an action performed by an object which is regarded as using its own energy in carrying out the action". Dazu gehören neben Menschen auch unbelebte Entitäten wie z. B. Maschinen in der Phrase „*the machine automatically switches (itself) off at 6 pm*" (ebd.). Diese inanimaten Entitäten können als Agens angesehen werden, wenn sie Handlungen selbstständig durchführen oder Ereignisse initiieren.

Obwohl die Interpretation des agentivischen Merkmals nicht eine animate NP[30] voraussetzt, ruft eine animate NP typischerweise eine agentivische Relation zwischen der NP und dem Prädikat hervor: „[A]n animate entity [...] intentionally and responsibly uses its own force, or energy, to bring about an event or to initiate a process" (Lyons 1977, S. 483; vgl. auch Primus 2012; Yamamoto 1999, Kap. 5). Die für die Überprüfung der Agentivität verwendeten Tests verlangen in den meisten Fällen auch ein animates Argument, wie z. B. die Kompatibilität mit Angaben wie *absichtlich/freiwillig* und die Möglichkeit zur Umschreibung durch *versuchen* (*in order to*) oder „what X did was ..." (vgl. Cruse 1973; Gruber 1967). Diese Tests prüfen das Vorhandensein der Handlungskontrolle, die ein Agens charakterisiert.

Auch in Dowtys (1991) Ansatz gibt es eine enge Beziehung zwischen Agentivität und Animatheit. Dowty zerlegt die Bedeutung eines Verbs und dementsprechend die semantische Funktion jedes Arguments in einzelne Bestandteile. Die mehrdimensionalen, rollensemantischen Grundkomponenten des Agens, die in der Verbbedeutung häufig auftreten, werden mit Beispielen in (39) angegeben. Spezifischere semantische Rollen können unterschiedliche Maße der Mitgliedschaft in den Proto-Agens-Dimensionen aufzeigen und werden dadurch im Grad ihrer Agentivität bestimmt.

---

30 Hier und nachstehend ist die menschliche animate NP gemeint.

39 Proto-agent entailments: (Dowty 1991, S. 572)
   a. volitional involvement in the event or state: *John refrains from smoking.*
   b. sentence (and/or perception): *John knows/sees/fears Mary.*
   c. causing an event or change of state in another participant: *His loneliness causes his unhappiness.*
   d. movement (relative to the position of another participant)[31]: *Water filled the boat.*
   (e. exists independently of the event named by the verb): *John needs a new car.*

Hierbei sind die Eigenschaften Volitionalität, Sentience und selbstinduzierte Bewegung mit intransitiven Verben relevant. Dowty verwendet die Volitionalität im Sinne der Intentionalität, und zwar „x [...] intends this to be the kind of act named by the verb" (ebd., S. 552). Sentience hat mehrere Ausprägungen. Sie lässt sich u. a. bei psychischen Verben wie *fear*, bei undynamischen Perzeptionsverben wie *see* und bei Kognitionsverben wie *believe* finden. Die semantische Rolle Experiencer der psychischen Zustände lässt sich als schwach agentivisch auffassen, da die Rolle die Zustände in eingeschränktem Maße kontrollieren kann. Die Eigenschaft Bewegung wird als ein agentivisches Merkmal behandelt, wenn die Bewegung durch eine eigene Energiequelle angestoßen wird. Drei der Proto-Agens-Dimensionen von Dowty – Volitionalität, Sentience und selbstinduzierte Bewegung – beinhalten typischerweise die Beteiligung der höheren Lebewesen. Dies lässt auf die enge Interaktion zwischen Animatheit und Agentivität schließen.

Auch Tomasellos (2005) Intentionalitätsbegriff deutet auf eine enge Beziehung zwischen Agentivität und Animatheit hin. Der Intentionalitätsbegriff umfasst nach Tomasello et al. (ebd.) drei Dimensionen. Die erste umfasst die ereignisspezifische Zielgerichtetheit, wobei die Herbeiführung des vom Prädikat bezeichneten Ereignisses oder dessen Unterlassung als Ziel gilt. Die zweite Dimension ist die Fähigkeit zu agieren, um das Ziel zu erreichen. Die dritte Dimension ist das perzeptuelle Monitoring des Handlungsziels, mit dem der Partizipierende kontrolliert, ob das Ziel erreicht wurde oder nicht. Höhere Lebewesen sind uneingeschränkt fähig, ihren freien Willen einzusetzen und perzeptuelle Kontrolle auszuüben. Die Studien mit ein-

---

31 Dowty (1991, S. 574) nimmt für Bewegung an, dass sie nur dann eine Proto-Agens-Eigenschaft ist, wenn sie unabhängig von einem anderen Partizipanten, d. h. selbstinduziert bzw. autonom, stattfindet.

fachen visuellen Darstellungen geometrischer Formen (z. B. Gelman/Durgin/ Kaufman 1995; Tremoulet/Feldman 2000; Scholl/Tremoulet 2000) zeigen, dass verschiedene Bewegungsmuster die Interpretation der Animatheit der Bewegungsobjekte beeinflussen. Wenn das Bewegungsmuster darauf hinweist, dass die Bewegung von einer Energiequelle verursacht wird, entsteht der Eindruck, dass das Bewegungsobjekt animat ist.

Im vorliegenden Experiment wird die Agentivität durch die Animatheit der Subjekte manipuliert (vgl. Kap. 4). Ein animates Subjekt lässt darauf schließen, dass der Partizipierende sich durch eine interne Energiequelle bewegt, wodurch das agentivische Merkmal ausgelöst wird (z. B. 'paraglider', 'student'). Im Experiment wurden nur solche inanimaten Subjekte, die weder über ein eigenes Wahrnehmungssystem (z. B. Sensoren) noch über eine eigene Energiequelle verfügen, gewählt (z. B. 'plastic bag', 'wooden board'). Mit einem inanimaten Subjekt wird die Bewegung nicht als selbstinduziert interpretiert und weist daher kein agentivisches Merkmal auf.

3.3 Auxiliare

Liu (2007) untersuchte anhand der Lokalinversion semantische Faktoren für die *-le/-zhe*-Wahl im Chinesischen, weil die Inversion „the only environment in Chinese where the issue of auxiliary selection arises" (ebd., S. 182) sei. Allerdings gab Liu keine Erklärung dafür ab, wieso die Lokalinversion als einzige Konstruktion für die *-le/-zhe*-Wahl betrachtet wird. Es wurde auch nicht erläutert, ob und wie die Faktoren, also die Agentivität und Telizität, die *-le/-zhe*-Wahl in Sätzen mit präverbalen Subjekten beeinflussen können. In diesem Abschnitt wird die Interaktion zwischen *-le/-zhe* und Situationstypen in der Subjekt-Verb-Konstruktion dargestellt. Dabei wird gezeigt, dass das aspektuelle Merkmal Telizität, analog zur Lokalinversion, eine herausragende Rolle in der *-le/-zhe*-Wahl spielt.

Die Auxiliare *-le* und *-zhe* in der Subjekt-Verb-Konstruktion werden generell als Marker für den Perspektivenaspekt untersucht. Der Perspektivenaspekt bezeichnet das Verhältnis eines Ereignisses zum betrachteten Zeitraum und markiert „[the] different ways of viewing the internal temporal constituency of a situation" (Comrie 1976, S. 3; nach Holt 1943, S. 6). In dieser Kategorie ist zwischen dem Perfektiven- und Imperfektivenaspekt zu unterscheiden. Ersterer impliziert „the view of a situation as a single whole, without distinction of the various separate phases that make up that situation" und Letzterer richtet die Aufmerksamkeit auf die interne Struktur einer Situation (Comrie 1976, S. 16). Im Chinesischen werden die zwei Subkategorien jeweils durch einige Funktionswörter markiert. Darin werden *-le* und *-zhe* als allgemein anerkannte Marker jeweils für den Perfektivenaspekt bzw. den Imperfektivenaspekt bezeichnet (vgl. z. B. Li/Thompson 1989; Smith 1997; Xiao/McEnery 2004).

Die Anwendung des Perspektivenaspekts interagiert mit dem Situationsaspekt und „what information a viewpoint presents is affected, and limited, by the structure of the situation talked about" (Smith 1997, S. 62; vgl. auch Xiao/McEnery 2004, S. 18). Unter Situationsaspekt versteht man eine Einteilung der gewissen inhärenten zeitlichen Eigenschaften, die von verbalen Prädikaten bezeichnet werden, z. B. klassifiziert Smith (1997) die Situationstypen nach den Merkmalen [±telisch], [±durativ] und [±dynamisch]. Xiao/McEnery (2004) teilen die Verbklassen im Chinesischen nach mehreren Merkmalen ein und untersuchen die Interaktion zwischen den Situationstypen und der Anwendung von *-le* und *-zhe*. Die Einteilung der Verbklassen wird wie folgt illustriert:

Tabelle 9: Klassifizierung der Verbklassen (Xiao/McEnery 2004, S. 59)

Classes	[±dyn]	[±dur]	[±bnd]	[±tel]	[±result]
ACTs	+	+	–	–	–
SEMs	+	–	±	–	–
ACCs	+	+	+	+	–
ACHs	+	–	+	+	+
ILSs	–	+	–	–	–
SLSs	±	+	–	–	–

Die sechs Situationstypen sind *Activities, Semelfactives, Accomplishments, Achievements, Individual-Level States* und *Stage-Level States*. Neben den anerkannten Typen ACTs, ACCs und ACHs gibt es die SEMs, die punktuelle Ereignisse wie *cough* und *hit* bezeichnen. Außerdem werden die *States* in zwei Subklassen eingeteilt: Die ILSs legen Wert auf die permanente Disposition eines Individuums (z. B. *xiang* 'resemble' und *cheng-shi* 'honest') und die SLSs legen Wert auf die weniger permanente Phase eines Individuums

(z. B. *bing* 'be ill' und *mang* 'be busy'). Die fünf Merkmale für Klassifizierung sind Dynamizität, Durativität, *Boundedness*, Telizität und Resultat. Laut Xiao/McEnery (2004, S. 41–52) unterscheidet die Dynamizität die *States* von Eventualitäten, die Veränderung enthalten. Die Durativität bezeichnet das zeitliche Andauern und trennt die punktuellen SEMs und ACHs von den anderen Eventualitäten. Mit dem Merkmal [+result] ist gemeint, dass die Bedeutung eines Verbs „a reference to a changing point at which the final spatial endpoint denoted by the verb starts holding" (ebd., S. 48; vgl. auch Moens 1987, S. 140) umfasst. Nur die ACHs selbst kodieren ein Resultat (z. B. *ying-qiu* 'to score (a goal)'). Wichtig für die vorliegende Analyse sind die Merkmale, die mit einem Endpunkt zusammenhängen: Telizität und *Boundedness*. Laut Xiao/McEnery (ebd., S. 46) bezieht sich das telische Merkmal hauptsächlich auf die Präsenz eines räumlichen Endpunkts. Die ACCs und ACHs sind telisch. Das *Boundedness* betrifft die Präsenz eines zeitlichen Endpunkts. Eine telische Situation wie z. B. *walk to school* muss [+bnd] sein (ebd., S. 51).

Xiao/McEnery (ebd., S. 91 f., 104 f.) analysierten die situationstypbedingte Bevorzugung von *-le/-zhe* durch Korpusdaten mit insgesamt 138.694 chinesischen Zeichen, die aus allen Zeitungstexten der *Nanfang Zhoumo* 'The South Weekly' des Jahres 1995 bestehen. Das Ergebnis zeigt, dass 89,4 % von insgesamt 1138 *-le*[32] mit [+bnd]-Situationen und 10,6 % mit [–bnd]-Situationen kombinieren. Dabei kombinieren 29,6 % der Marker mit ACCs und 49,9 % mit ACHs, d. h. fast 80 % des perfektiven Markers treten mit telischen Situationen auf. Daraus lässt sich schließen: „*-le* shows a strong preference for telic and bounded situations" (ebd., S. 101). Dies weist auf eine starke Korrelation zwischen *-le* und dem telischen Merkmal hin.

---

32 Xiao/McEnery (2004, Kap. 4.1.1) unterscheiden das *Actual-le* von *Chang Of State-le*. Das *Actual-le* markiert die Aktualisierung einer Situation im Verhältnis zu einer vergangenen, gegenwärtigen oder zukünftigen Referenzzeit und präsentiert die Situation als Ganzes. Das *COS-le* impliziert dagegen hauptsächlich die Veränderung zu einer neuen Situation (vgl. auch Li/Thompson/Thompson 1982; Po-Ching/Rimmington 2015, Kap. 20.1). In den *Weekly*-Korpusdaten gibt es insgesamt 1.340 *-le*. Sie wurden in drei Gruppen eingeteilt: 1138 rein *Actual-le* (84,93 %), 175 rein *COS-le* (13,06 %) und 27 *-le* mit Doppelrolle (2,01 %). Nur das rein *Actual-le* ist mit der vorliegenden Arbeit relevant.

Nun sollen die Präferenzen des Markers -*zhe* in den gleichen Korpusdaten betrachtet werden. Von den insgesamt 113 *Continuance-zhe*[33] (weist auf die Durativität der andauernden Situation hin), treten 58 (51,33 %) mit ILSs und SLSs auf und 51 (45,13 %) mit ACTs. Die drei Typen sind durativ, atelisch und unbounded. Die telischen ACHs und ACCs können kaum mit dem *Continuance-zhe* kombinieren (1, 0,88 %). Aus der Korpusanalyse schließen Xiao/McEnery (ebd., S. 188), dass -*zhe* „only compatible with [+durativ] and [−result] situations" ist. Das bedeutet, dass -*zhe* die atelische Situation stark bevorzugt.

Die Interaktion zwischen -*le*/-*zhe* und der Telizität in den Sätzen mit präverbalen Subjekt steht im Einklang mit Lius (2007) Ansatz, dass in der Lokalinversion die telischen und atelischen Verben jeweils -*le* bzw. -*zhe* selektieren. Dies stimmt auch mit der ASH (Sorace 2000) überein, in der die Telizität als primärer Faktor die BE-Verben von den HAVE-Verben in einigen westeuropäischen Sprachen trennt. Demzufolge wird für das vorliegende Experiment erwartet, dass -*le* im telischen Kontext besser bewertet wird als im atelischen Kontext und dass -*zhe* im atelischen Kontext besser bewertet wird als im telischen Kontext (vgl. Kap. 4.1).

Da die Interaktion zwischen Agentivität bzw. Animatheit und der -*le*/-*zhe*-Wahl in der Subjekt-Verb-Konstruktion in der Literatur zum Chinesischen bisher noch kaum Beachtung fand (z. B. Klein/Li/Hendriks 2000; Xiao/McEnery 2004), kann das vorliegende Experiment diese Interaktion genauer prüfen.

---

33 Xiao/McEnery (2004, Kap. 5.1.1) unterteilen die Anwendung von -*zhe* in drei Klassen. Das *Continuance-zhe* tritt mit einem Verb oder Adjektiv in der Subjekt-Verb-Konstruktion auf und impliziert die Durativität einer continuierlichen Situation. Die anderen zwei Klassen sind *Overlapping-zhe*, also das -*zhe* in der Konstruktion V_1-ZHE-V_2 (für weitere Information siehe z. B. Xiao/McEnery (2004, S. 183)), und *Locative inversion-zhe* (wie -*zhe* in Liu (2007)). Nur das sog. *Continuance-zhe* ist in der vorliegenden Arbeit relevant. Das imperfektiv -*zhe* in den Stimuli des vorliegenden Experiments (vgl. Kap. 4.2) fällt in diese Klasse.

4 Experiment

Dieses Kapitel[34] befasst sich mit dem Experiment. Die Hypothesen, die hauptsächlich auf den im zweiten Kapitel dargestellten Ansätzen basieren, und die Stimuli, bei denen Telizität, Agentivität und Auxiliarwahl vollständig gekreuzt manipuliert werden, werden jeweils in Kapitel 4.1 bzw. 4.2 dargestellt. Kapitel 4.3 beschäftigt sich mit dem Vergleich zwischen der im vorliegenden Experiment angewandten Methode, also der Akzeptabilitätsbewertung auf einer Vier-Punkte-Skala, und der Analysemethode in Lius (2007) Ansatz bzw. der experimentellen Methode in Keller/Sorace (2003). Die Durchführung und das Ergebnis behandeln die nächsten zwei Abschnitte. Kapitel 4.6 widmet sich der Diskussion des Ergebnisses.

4.1 Hypothesen

Die zuvor dargestellten Ansätze, hauptsächlich die Forschung zur Auxiliarselektion nach Sorace (2000) und Keller/Sorace (2003) (vgl. Kap. 2.2) und zur Auxiliarselektion im Chinesischen nach Liu (2007) (vgl. Kap. 2.3), führen zu verschiedenen Hypothesen über die Auxiliarselektion mit intransitiven Bewegungsverben im Chinesischen. In den beiden Hierarchien, also der ASH und der HAC, trennt die Telizität als primärer Faktor die BE-Verben von den HAVE-Verben. Die Verben am BE(-*le*)-Ende drücken eine telische Veränderung aus und selektieren BE konsistent. Die Verben am HAVE(-*zhe*)-Ende bezeichnen einen atelischen Prozess und selektieren HAVE konsistent. Dies steht im Einklang mit den Studien (z. B. Xiao/McEnery 2004; Smith 1997) über die chinesischen Aspektmarker, die darauf hinweisen, dass -*le* generell den telischen Kontext und -*zhe* generell den atelischen Kontext bevorzugt (vgl. Kap. 3.3). Demzufolge wird angenommen:

---

34 Das vorliegende Kapitel ist eine erweiterte Fassung der Darstellung des chinesischen Experiments in Graf et al. (2017), einer sprachkontrastiven Studie, die auch ein ähnlich gestaltetes Akzeptabilitätexperiment zum Deutschen präsentiert (vgl. Kap. 5.1).

40 Hypothese der Interaktion zwischen Telizität und BE/HAVE-Wahl:
   a. Die Akzeptabilität von -*le* im telischen Kontext ist höher als im atelischen Kontext.
   b. Die Akzeptabilität von -*zhe* im atelischen Kontext ist höher als im telischen Kontext.

Neben Telizität beruht die ASH auch auf Agentivität, die stark mit HAVE korreliert.[35] Die Verben mit einer telischen Ortsveränderung, deren Argumente als Patiens interpretiert werden, wählen am wahrscheinlichsten BE. Die volitionalen Nicht-Bewegungsverben wählen am wahrscheinlichsten HAVE (vgl. Kap. 2.2.1). So scheinen Agentivität und Telizität im ASH-Ansatz invers zu korrelieren, und zwar wird BE im inanimaten Kontext und HAVE im animaten Kontext bevorzugt. Dementsprechend werden die folgenden Hypothesen aufgestellt:

41 Hypothese der inversen Korrelation zwischen Animatheit und BE/HAVE-Wahl:
   a. Die Akzeptabilität von -*le* im inanimaten Kontext ist höher als im animaten Kontext.
   b. Die Akzeptabilität von -*zhe* im animaten Kontext ist höher als im inanimaten Kontext.

Im Gegensatz dazu weisen die Beispieldaten in Lius (2007) Ansatz auf eine positive Korrelation zwischen Agentivität und Telizität hin (vgl. Kap. 2.3.3). In den Beispielen mit *state*-Verben wird die Akzeptabilität von BE im agentivischen Kontext besser bewertet als im nicht-agentivischen Kontext. Das agentivische Merkmal bevorzugt BE, genauso wie das telische Merkmal. Der positiven Korrelation zufolge werden die folgenden Hypothesen aufgestellt:

---

35 Die folgende Hypothese zum Agentivitätseffekt basiert auf dem ASH-Ansatz in Sorace (2000), aber nicht auf den empirischen Ergebnissen in Keller/Sorace (2003), die die Gültigkeit der ASH im Deutschen überprüften. Nach der ASH korreliert Agentivität invers mit Telizität. In den Experimenten wurde der Effekt der Agentivität durch Animatheit der Subjekte bei der *existence of state*- und *continuation of state*-Klasse getestet. Die Ergebnisse zeigen aber bei beiden Klassen keinen signifikanten Unterschied zwischen animater und inanimater Kondition (für detaillierte Darstellung siehe Kap. 2.2).

42 Hypothese der positive Korrelation zwischen Animatheit und BE/HAVE-Wahl:
   a. Die Akzeptabilität von -*le* im animaten Kontext ist höher als im inanimaten Kontext.
   b. Die Akzeptabilität von -*zhe* im inanimaten Kontext ist höher als im animaten Kontext.

4.2 Stimuli

Fünf Bewegungsverben, 飞 *fei* 'fly', 滑 *hua* 'slide', 转 *zhuan* 'rotate', 浮 *fu* 'float$_1$' und 漂 *piao* 'float$_2$', wurden im Fragebogen getestet. Die letzten zwei Verben unterscheiden sich dadurch, dass das Verb 浮 *fu* 'float$_1$' normalerweise eine Auf- und Abbewegung und das Verb 漂 *piao* 'float$_2$' eine waagerechte Bewegung ausdrückt. Die fünf Verben bezeichnen, dass die Entität in der Bewegung ihre Position auch ohne Zieladverbial, d.h. auch in atelischen Kontexten, verändert. Mit einem räumlich atelischen Adverbial wird eine durative Bewegung ohne Endpunkt ausgedrückt. Mit einem telischen Adverbial wird eine Bewegung mit einem räumlichen Endpunkt bezeichnet. Die Bewegungsverben können sowohl mit animaten Subjekten als auch mit inanimaten Subjekten zusammen auftreten.

Für diese Verben bilden drei Variablen, nämlich die Agentivität (variiert durch Animatheit der Subjekte), die Telizität (variiert durch lokative Präposition 在 *zai* 'in' und telisches RVC 到 *dao*) und die -*le*/-*zhe*-Wahl, acht Gruppen. Jedes Verb wurde in zwei lexikalischen Umgebungen getestet (insgesamt 80 Items). Die Struktur der Items wird wie folgt illustriert:

43 a. telische animate Kondition:
   那位　　选手　　　滑　　　到　　　了/着　　　终点线。
   na-wei　*xuan-shou*　*hua*　*dao*　-*le*/-*zhe*　*zhong-dian-xian*
   that-CL　athlete　　slide　-RVC　-LE/-ZHE　end-line
   　animat　　　　　　　　　telisch　BE/HAVE
   'The athlete has slid to / is sliding to the end line.'

   b. telische inanimate Kondition:
   那滴　　露珠　　　滑　　　到　　　了/着　　　叶子　的　　边缘。
   na-di　*lu-zhu*　*hua*　*dao*　-*le*/-*zhe*　*ye-zi*　*de*　*bian-yuan*
   that-CL　dewdrop　slide　-RVC　-LE/-ZHE　leaf　DE　edge
   　inanimat　　　　　　　　telisch　BE/HAVE
   'The dewdrop has slid to / is sliding to the edge of the leaf.'

c. atelische animate Kondition:

那位	学员	在	冰场	上	滑	了/着。
na-wei	xue-yuan	zai	bing-chang	shang	hua	-le/-zhe
that-CL	student	in	ice-rink	on	slide	-LE/-ZHE
	animat		atelisch			BE/HAVE

'The student has slid to / is sliding on the ice rink.'

d. atelische inanimate Kondition:

那滴	露珠	在	叶子	上	滑	了/着。
na-di	lu-zhu	zai	ye-zi	shang	hua	-le/-zhe
that-CL	dewdrop	in	leaf	on	slide	-LE/-ZHE
	inanimat		atelisch			BE/HAVE

'The dew drop has slid / is sliding on the leaf.'

Außerdem wurden vier Kontrollgruppen hinzugefügt (vgl. unten). Alle Items in den Test- und Kontrollgruppen bestehen aus einem Kontextsatz (wird in den folgenden Beispielen durch *a* markiert) und einem getesteten Satz (wird durch *b* markiert). Die Struktur und die semantische Plausibilität aller Items der Testgruppen wurden von einer dritten Person geprüft.[36] Im Folgenden wird jede Gruppe mit einem Beispiel ausführlich dargestellt (die gesamten getesteten Sätze befinden sich in Anhang).

Testgruppen

[+ani.], [+tel.], *-le/-zhe*

In den telischen Gruppen drückt die Resultativ-Verb-Konstruktion mit dem Komplement 到 *dao* das Erreichen eines Ziels aus. Das Komplement bezeichnet immer ein ACC und darf nicht im Imperfektiv auftreten. Dementsprechend wird erwartet, dass der Kontext mit *-le* in (44b) besser als mit *-zhe* in (45b) bewertet wird (vgl. Kap. 3.3):

44 a.
观众	正在	为	一位	溜冰选手	助威。
guang-zhong	zheng-zai	wei	yi-wei	liu-bing-xuan-shou	zhu-wei
audience	PROG	for	one-CL	skating-athlete	cheer

'The audience is cheering for one skating athlete.'

---

36 Die Struktur und die semantische Plausibilität in den Testgruppen wurden von Frau Dr. Hongmei Yao des Ostasiatischen Seminars der Philosophischen Fakultät der Universität zu Köln geprüft. Ich bedanke mich herzlich für ihre Hilfe.

b. 那位 选手 滑 到 了 终点线。
   na-wei xuan-shou hua dao -le zhong-dian-xian
   that-CL athlete slide -RVC -LE end-line
   'The athlete has slid to the end line.'

45 a. 冰舞 教练 正在 指导 一位 学员。
   bing-wu jiao-lian zheng-zai zhi-dao yi-wei xue-yuan
   ice-dance trainer PROG direct one-CL student
   'The ice dance-trainer is directing a student.'

   b. 那位 学员 滑 到 着 冰场 中央。
   na-wei xue-yuan hua dao -zhe bing-chang zhong-yang
   that-CL student slide -RVC -ZHE ice-rink center
   'That student is sliding to the center of the ice rink.'

Während die animaten Subjekte aller anderen Verben Berufsbezeichnungen in der realistischen Welt darstellen, steht mit dem Verb 飞 *fei* 'fly' das unrealistische Subjekt 超能力者 *chao-neng-li-zhe* 'superman' in (46a und b), das hier kurz erwähnt werden soll.

46 a. 观众 在 电影 中 看见 一位 超能力者。
   guan-zhong zai dian-ying zhong kan-jian yi-wei chao-neng-li-zhe
   audience in movie in see one-CL superman
   'The audience sees a superman in the movie.'

   b. 那位 超能力者 飞 到 了 楼顶 上。
   na-wei chao-neng-li-zhe fei dao -le lou-ding shang
   that-CL superman fly -RVC -LE building-top on
   'The superman has flown to the top of the building.'

Mit dem Subjekt kann trotz der fiktionalen Figur des Superman eine volitionale bzw. intentionale Bewegung in der Interpretation erzeugt werden, genauso wie bei dem Subjekt 'paraglider' in diesem Beispiel:

47 那位 滑翔伞运动员 在 田野 上空 飞 着。
   na-wei hua-xiang-san-yun-dong-yuan zai tian-ye shang-kong fei -zhe
   that-CL paraglider in field above fly -ZHE
   'The paraglider is flying above the field.'

Im chinesischen Sprachgebrauch ist es schwierig, für das Verb 飞 *fei* 'fly' eine Bezeichnung, die eigenes Fliegen direkt kontrollieren kann, herauszufinden. Es wird eher vermieden, eine Bezeichnung wie 代表 *dai-biao* 'delegate' in (48) anzuwenden, da ihre Agentivität schwächer ist als bei 'superman' und 'paraglider'.[37] Während der Teilnehmer in (48) durch ein Flugzeug transportiert wird, fliegt der Superman in (46b) durch eigene Kraft und nach eigener Intention. Der Superman kontrolliert das Fliegen, z. B. verändert er die Richtung der Bewegung, aber die Menschen in (48) sind dazu nicht in der Lage. In diesem Sinne deutet der Satz (46b) auf ein agentivisches Merkmal mit höherem Ausmaß als bei (48) hin.

48 代表[...]   飞   到   了   上海。(CCL)
    dai-biao   *fei*   *dao*   *-le*   *shang-hai*
    delegate   fly   -RVC   -LE   Shanghai
    'The delegate has flown to Shanghai.'

[–ani.], [+tel.], *-le/-zhe*

In der telischen Kondition wird angenommen, dass mit inanimaten Subjekten *-le* in (49b) besser bewertet wird als *-zhe* in (50b). Wie die Animatheit der Subjekte die *-le/-zhe*-Wahl beeinflusst, bleibt noch fraglich. Wird die inverse Korrelation zwischen Agentivität und Telizität angenommen, sollte *-le* im inanimaten Kontext (49b) besser akzeptiert werden als im animaten Kontext (44b) und *-zhe* im animaten Kontext (45b) besser akzeptiert werden als im inanimaten Kontext (50b). Wird die positive Korrelation angenommen, so wird die Akzeptabilität von *-le* und *-zhe* umgekehrt.

49 a. 画家   看见   一片   落下   的   树叶
        hua-jia   *kan-jian*   *yi-pian*   *luo-xia*   *de*   *shu-ye*
        painter   see   one-CL   fall-down   DE   leaf
        'The painter sees a falling leaf.'

---

[37] Im Gegensatz zum Deutschen tritt die Bezeichnung 飞行员 *fei-xing-yuan* 'pilot' mit dem Verb 飞 *fei* 'fly' nicht häufig zusammen auf. Dies würde ich so interpretieren, dass der Pilot, analog zum Subjekt in Beispiel (48), durch ein Flugzeug zu einem Ort transportiert wird. Auch wenn der Pilot das Flugzeug steuern kann, fliegt er selbst nicht. Daher wird diese Bezeichnung nicht angewandt.

	b.	那片	树叶	转	到	了	窗台 上
		na-pian	*shu-ye*	*zhuan*	*dao*	*-le*	*chuang-tai shang*
		that-CL	leaf	rotate	-RVC	-LE	window-edge on
		'The leaf has rotated to the window edge.'					

50	a.	混乱 中	交警		看见	一个	轮胎。
		hun-luan zhong	*jiao-jing*		*kan-jian*	*yi-ge*	*lun-tai*
		chaos in	traffic-policeman		see	one-CL	wheel
		'The traffic policeman sees a wheel in chaos.'					
	b.	那个	轮胎	转	到	着	路边。
		na-ge	*lun-tai*	*zhuan*	*dao*	*-zhe*	*lu-bian*
		that-CL	wheel	rotate	-RVC	-ZHE	roadside
		'The wheel has rotated to the roadside.'					

[+ani.], [–tel.], -*le*/-*zhe*

In den atelischen Gruppen sollte -*zhe* in (52b) besser akzeptiert werden als -*le* in (51b), da die durative Situation den imperfektiven Marker -*zhe* bevorzugt (vgl. Kap. 3.3). Die Kontextsätze dienen dazu, die Belebtheit der Partizipanten zu betonen. Sie helfen dabei, dass die animaten Subjekte in (51b) und (52b) nicht als auf dem Wasser frei schwebende Leiche interpretiert werden, sondern als agentivische Teilnehmer, die sich intentional bewegen.

51	a.	沙滩	上	的	游客	正在	寻找	一位	救生员。
		shan-tan	*shang*	*de*	*you-ke*	*zheng-zai*	*xun-zhao*	*yi-wei*	*jiu-sheng-yuan*
		beach	on	DE	tourist	PROG	look-for	one-CL	lifeguard
		'The tourist on the beach is looking for a lifeguard.'							
	b.	那位	救生员	在	水里	浮	了。		
		na-wei	*jiu-sheng-yuan*	*zai*	*shui-li*	*fu*	*-le*		
		that-CL	lifeguard	in	water-in	float₁	-LE		
		'The lifeguard has floated in the water.'							

52	a.	军官	正在	考核	一位	特工 的	生存 技能。
		jun-guan	*zheng-zai*	*kao-he*	*yi-wei*	*te-gong de*	*sheng-cun ji-neng*
		officer	PROG	examine	one-CL	agent DE	survival skill
		'The officer is examing the survival skills of one special agent.'					

b. 那位　　特工　　在　水　里　漂　　着。
　　 na-wei　te-gong　zai　shui　li　piao　-zhe
　　 that-CL　agent　in　water　in　float₂　-ZHE
　　 'That agent is floating in the water.'

[–ani.], [–tel.], *-le/-zhe*

Die atelischen Gruppen stellen sich wie folgt dar. *-Zhe* in (54b) sollte mit inanimaten Subjekten besser bewertet werden als *-le* in (53b).

53 a.　农民　　　正在　　　寻找　　　他 丢失 的　　塑料瓶。
　　　 nong-min　zheng-zai　xun-zhao　ta diu-shi de　su-liao-ping
　　　 farmer　　PROG　　　search-for　he lost DE　plastic-bottle
　　　 'The farmer is searching for his lost plastic bottle.'

　　b. 那个　　塑料瓶　　　在　水缸　　里　浮　-了。
　　　 na-ge　su-liao-ping　zai　shui-gang　li　fu　-le
　　　 that-CL　plastic-bottle　in　water-vat　in　float₁　-LE
　　　 'The plastic bottle has floated in the water vat.'

54 a.　船夫　　　正在　　　寻找　　　一块　　木板。
　　　 chuan-fu　zheng-zai　xun-zhao　yi-kuai　mu-ban
　　　 fisherman　PROG　　　search-for　one-CL　wooden-board
　　　 'The fisherman is searching for a wooden board.'

　　b. 那块　　木板　　　　在　河　里　漂　　着。
　　　 na-guai　mu-ban　　　zai　he　li　piao　-zhe
　　　 that-CL　wooden-board　at　river　in　float₂　-ZHE
　　　 'That wooden board is floating in the river.'

Kontrollgruppen

Die Kontrollgruppen dienen hauptsächlich dazu, dass die Bewertungswerte zwischen der Akzeptabilität und der Unakzeptabilität feiner differenzieren zu können. Die Kontrollitems bestehen auch aus den Kontextsätzen und den kritischen Sätzen, genauso wie die Testitems. Die Kontrollgruppen werden in vier Subklassen unterteilt. Die ersten zwei Klassen sind eine syntaktisch ungrammatische Gruppe wie (55) und eine semantisch unplausible Gruppe wie (56). Die Subjekte in den Items sind zur einen Hälfte animat und zur anderen Hälfte inanimat. Vor einer Hälfte der Subjekte gibt es keinen Artikel und kein Zählwort (z. B. (56)).

55 *那只 苹果 落 石头 到 草地上。
na-zhi ping-guo luo shi-tou dao cao-di shang
that-CL apple fall stone -RVC grass on
'The apple fell the stone on the grass.'

56 *草莓 在 休息室 里 哭。
cao-mei zai xiu-xi-shi li ku
strawberry at rest-room in cry
'The strawberry is crying in the rest room.'

Die anderen zwei Kontrollgruppen sind Ortsveränderungsverben und volitionale Verben, die jeweils im telischen Kontext mit dem perfektiven Marker -*le* (z. B. (57) und (59)) bzw. im atelischen Kontext mit dem imperfektiven Marker -*zhe* (z. B. (58) und (60)) auftreten. Sie haben animate Subjekte. Die Ortsveränderungsverben wie 来 *lai* 'come' im telischen Kontext mit -*le* (57) und die volitionalen Verben wie 玩 *wan* 'play' im atelischen Kontext (60) mit -*zhe* sollten voll akzeptiert werden.

57 那位 校长 来 到 了 学校 门口。
na-wei xiao-zhang lai dao -le xue-xiao men-kou
that-CL director come -RVC -LE school gate
The director has come to the school gate.'

58 *那位 医生 在 路上 来 着。
na-wei yi-sheng zai lu-shang lai -zhe
that-CL doctor in street-on come -ZHE
The doctor is coming on the street.'

59 *那位 学生 玩 到 了 花园 里。
na-wei xue-sheng wan dao -le hua-yuan li
that-CL student play -RVC -LE garten in
The student has played to the garden.'

60 那位 学生 在 花园 里 玩 着。
na-wei xue-sheng zai hua-yuan li wan -zhe
that-CL student in garten in play -ZHE
The student is playing in the garden.'

Die insgesamt 80 Testitems wurden nach einem lateinischen quadratischen Design auf vier Listen verteilt. Jede Liste enthält 20 Testitems und die gleichen 32 Filler aus den Kontrollgruppen. Die Abfolge der Sätze in den vier Listen wurde separat randomisiert.

4.3 Methode

Das Experiment wurde durch eine Akzeptabilitätsbewertung auf einer Vier-Punkte-Skala wie folgt durchgeführt (mit deutscher Übersetzung).

A: 我认为这个句子非常恰当。(Ich halte diesen Satz für vollkommen angemessen.)

B: 我认为这个句子包含的某些表述比较恰当，但不是非常恰当。(Ich halte eine bestimmte Formulierung, die der Satz enthält, für eher, aber nicht vollkommen angemessen.)

C: 我认为这个句子包含的某些表述比较不恰当，但不是非常不恰当。(Ich halte eine bestimmte Formulierung, die der Satz enthält, für eher, aber nicht vollkommen unangemessen.)

D: 我认为这个句子包含的某些表述非常不恰当。(Ich halte eine bestimmte Formulierung, die der Satz enthält, für vollkommen unangemessen.)

Diese prüftechnische Methodik ist zuverlässiger und präziser als die intuitionsbasierte Analyse in Lius (2007) Ansatz und ebenso informativ wie die *Magnitude Estimation* (vgl. Weskott/Fanselow 2009, 2011), die in den Experimenten von Keller/Sorace (2003) angewandt wurde. In Lius Ansatz wurden die Beispiele nach individuellem Sprachgefühl dichotom, also als akzeptabel oder inakzeptabel, beurteilt. Hierbei ergeben sich drei Probleme: Erstens können die individuellen sprachlichen Angewohnheiten von linguistischen Autoren die Akzeptabilitätsbeurteilung der Beispiele unbewusst beeinträchtigen. Ein Linguist kann die Sprachproduktion entsprechend seines Forschungsziels unbewusst manipulieren (vgl. Bard/Robertson/Sorace 1996, S. 34). Das zweite Problem liegt in der kleinen Menge der Beispiele, die für die Bestätigung einer linguistischen Annahme nicht ausreicht.[38] Wenn das linguistische Phänomen ungenügend beobachtet wird, d. h. keine ausreichende Menge an Beweisen dafür erbracht wird, bleibt das Forschungsergebnis mit großer Wahrscheinlichkeit zweifelhaft.[39] Drittens ist die Grammatikalität im Wesentlichen nicht eine Dichotomie zwischen Akzeptabilität und Inakzeptabilität, wie Lius (2007) Beispiele zeigen, sondern ein gradueller Unterschied: „[T]here is little doubt that speakers can fairly consistently order new utterances, never previously heard, with respect to their degree of ‚belongingness' to the language" (Chomsky 1985, S. 132) und diese Einstufung der Zugehörigkeit soll in der linguistischen Forschung präzise beschrieben werden. In der vorliegenden empirischen Studie werden die Stimuli durch eine Akzeptabilitätsbewertung auf einer Vier-Punkte-Skala beurteilt. Die Beurteilungen von ausreichend vielen Probanden reduzieren die Unzuverlässigkeit der Bewertungsergebnisse und ermöglichen eine präzise Beschreibung des linguistischen Phänomens.

In Bezug auf die informative Studie durch die Methodik *Magnitude Estimation* in den deutschen Daten (Keller/Sorace 2003) stellt sich die Frage, ob sich die Vier-Punkte-Skala mit dieser Methode vergleichen lässt. Um es mit anderen Worten auszudrücken: Ist die Vier-Punkte-Skala-Bewertung genauso informativ wie die *Magnitude Estimation*?

In der *Magnitude Estimation* wird die Einstufung der Akzeptabilität nicht wie in der Vier-Punkte-Bewertung im Voraus definiert. Stattdessen bewerten die Probanden zuerst die Intensität eines Referenzstimulus. Dem Stimulus wird eine leicht merkbare Zahl zugeordnet. Auf dieser Grundlage werden dann mehrere Zahlen für die getesteten Stimuli vergeben. Die Zahl

---

38 In Lius (2007) Analyse werden für jede Verbklasse ein bis drei Verben angegeben.
39 Liu (2007) untersuchte z. B. für die *non-volitional process*-Klasse nur das Verb 吹 *chui* 'blow' und zieht aufgrund seiner -*zhe*-Wahl den Schluss, dass diese Klasse nur -*zhe* konsistent wählt (vgl. Kap. 2.3.2). Aber ein Beispiel mit dem Verb 浮 *fu* 'float$_1$' aus dem Korpus CCL zeigt die -*le*-Wahl, welche die Annahme einer kategorischen -*zhe*-Wahl für die Klasse mit inanimaten Subjekten in Lius Forschung in Frage stellt:
  湖中　　浮　　了　　一个　　小木排。(CCL)
  hu-zhong　fu　　-le　　yi-ge　　xiao-mu-pai
  lake-in　　float$_1$　-LE　　one-CL　small-raft
  'A small raft has floated in the lake.'

für die getesteten Stimuli kann größer oder kleiner als die für die Referenzstimuli sein. Diese Methode gleicht der *n*-Punkte-Bewertung insofern, als die Probanden ihrer Intuition folgend die Grammatikalität der Stimuli in numerischer Form bewerten. In der *n*-Skalen-Methode geben die Probanden ihre Bewertung nach vordefinierten *n*-Skalen ab. In der *Magnitude Estimation* sind die Probanden jedoch frei, die Unterschiede zwischen den Stimuli nach ihren Kriterien mithilfe von Zahlen uneingeschränkt zu markieren. So scheint es, dass die Daten aus der *Magnitude Estimation* mehr Variabilität zeigen können. Sie sind deshalb informativer als die Daten, die aus den Methoden der Ordinalskalen wie der Vier-Punkte-Skala gewonnen werden (vgl. Bard/Robertson/Sorace 1996). Weskott/Fanselow (2009, 2011) vertreten in ihrer Studien jedoch die Ansicht, dass die *n*-Skala-Bewertung und die *Magnitude Estimation* bezüglich der Information der Ergebnisdaten, die durch die Methoden erlangt werden können, gleichwertig sind. In Bezug auf die Informativität in der *Magnitude Estimation* argumentieren sie, dass die *n*-Punkte-Bewertungen (z. B. Sieben-Punkte-Skala und Binär-Punkte-Skala in Weskott/Fanselow (2011)) ebenso in der Lage sind, die Variabilität in den Daten ausreichend zu repräsentieren. Dies begründen sie aus der kalkulatorischen und der empirischen Perspektive.

Aus der kalkulatorischen Perspektive zeigen Weskott/Fanselow (2011) ein Beispiel, dass es im Experiment auf einer Bewertung mit binären Punkten vier Items für eine Kondition gibt. Der Mittelwert für diese Kondition, also der Mittelwert für die vier Items nach der binär-Punkte-Bewertung, kann fünf mögliche Werte annehmen: 0; 0,25; 0,50; 0,75 und 1 (0 für inakzeptabel und 1 für akzeptabel). Die Mittelwerte für *i*-Items in der *n*-Punkte-Bewertung haben $(i \times n)-i+1$ Möglichkeiten.[40] Für vier Items in der Sieben-Punkte-Bewertung gibt es im Vergleich zu den anderen Konditionen über 20 mögliche Mittelwerte zu berechnen. Diese Methodik ist nicht unzureichend in Bezug auf die präzise Darstellung der Grammatikalität (vgl. ebd., S. 253).

Aus der empirischen Perspektive wurden Experimente durchgeführt, um die informative Gleichwertigkeit der *Magnitude Estimation* und der

---

40 Das Beispiel in Weskott/Fanselow (2011, S. 253) zeigt das Ergebnis der Formel $(i \times n)-i+1$, obwohl im Ansatz die Formel $(i \times n)-i$ geschrieben wird.

n-Punkte-Bewertung zu beweisen. Weskott/Fanselow (2011) prüften deutsche Sätze mit verschiedenen Wortstellungen und verglichen jeweils die Ergebnisse der *Magnitude Estimation*, der Binär-Punkte-Bewertung und der Sieben-Punkte-Bewertung. In den Experimenten wurde die Akzeptabilität jeweils für die Wortstellung S(Subjekt)-DO(direktes Objekt) vs. DO-S, S-IO(indirektes Objekt) vs. IO-S und S-IO-DO vs. DO-S-IO vs. IO-S-DO geprüft.[41] Die ersten zwei Experimente nutzten alle drei Methoden, das letzte nutzte die Sieben-Punkte-Bewertung und die *Magnitude Estimation*. Falls die Methoden sich in der Informativität unterscheiden, würden die relativen Mittelwerte in den Daten jeder Methode verschiedene Tendenzen aufweisen. Diese Nichtübereinstimmung bezüglich Tendenzen der Bewertungsmethoden kann in der Varianzanalyse zwischen den Variablen WORD ORDER und JUDGETYP (Bewertungsmethoden) bestätigt werden. Es sollte einen signifikanten Effekt bei JUDGETYP oder bei der Interaktion JUDGETYP×WORD ORDER ergeben.

Die Ergebnisse dieser drei Experimente belegen die Einheitlichkeit der Tendenzen in den relativen Mittelwerten aus den verschiedenen Methoden: S-DO>(besser akzeptiert als) DO-S, S-IO>IO-S und S-IO-DO>IO-S-DO>DO-S-IO. Außer dem signifikanten Effekt bei der Variable WORD ORDER in den Varianzanalysen in allen Experimenten ergibt sich weder bei JUDGETYP noch bei der Interaktion JUDGETYP×WORD ORDER ein Effekt. Also sprechen die Daten gegen die Auffassung, dass das Ergebnis der *Magnitude Estimation* informativer als das der *n*-Punkte-Bewertung ist.

Um die Gleichwertigkeit zwischen den Methoden noch eingehender zu untersuchen, wurde der *Eta-squared*-Wert (vgl. Cowart 1997, S. 123 ff.) für den Haupteffekt WORD ORDER in den Experimenten berechnet. Der Wert bezieht sich auf das Ausmaß, inwieweit eine Variable die Varianz in den Daten beschreibt, z. B. ist mit der Zahl 0,6 gemeint, dass 60 % der

---

41 Die Beispiele für die Wortstellungen sind: S-DO vs. DO-S: „...dass der Präsident den Scheich empfangen hat" vs. „...dass den Scheich der Präsident empfangen hat". S-IO vs. IO-S: „...dass der Mönch dem Jäger geholfen hat" vs. „...dass dem Jäger der Mönch geholfen hat". S-IO-DO vs. DO-S-IO vs. IO-S-DO: „Dann hat der Lehrer dem Schüler den Beweis erklärt" vs. „Dann hat den Beweis der Lehrer dem Schüler erklärt" vs. „Dann hat dem Schüler der Lehrer den Beweis erklärt" (Weskott/Fanselow 2011).

Varianz im Ergebnis auf die analysierte Variable und 40 % der Varianz auf andere Faktoren zurückzuführen ist. Durch den Vergleich zwischen diesen Werten aus den drei Experimenten ist festzustellen, ob die Variable WORD ORDER bei den gleichen Materialien trotz der verschiedenen Methoden den gleichen Beitrag leistet. Die Ergebnisse zeigen, dass die *Eta-squard*-Werte für die Variable WORD ORDER aus den drei Methoden im engen Bereich 0,95–0,98 im ersten Experiment und 0,83–0,96 im zweiten Experiment liegen. Nur im dritten Experiment besteht ein kleiner Unterschied. Im Vergleich zur Wortstellung S-IO-DO und DO-S-IO beträgt der Wert (in der Analyse der Partizipierenden) aus der Sieben-Punkte-Bewertung 0,55 und aus der *Magnitude Estimation* 0,34. Der höhere Wert bei der Sieben-Punkte-Bewertung deutet auf einen höheren Grad der Abhängigkeit der Varianz in den Daten von WORD ORDER hin. Dies erbringt einen noch überzeugenderen Beweis dafür, dass die Sieben-Punkte-Bewertung sogar informativer als die *Magnitude Estimation* in Bezug auf den Effekt der Variable der WORD ORDER ist.

Der niedrigere Wert aus der *Magnitude Estimation* kann laut Weskott/Fanselow (2011) auf die individuelle Varianz zurückzuführen sein. Während die Probanden in der Sieben-Punkte-Bewertung nur einen Wert im Bereich von 1 bis 7 auswählen müssen, sind sie in der *Magnitude Estimation* frei, eine extrem hohe oder niedrige Zahl anzugeben. Diese Freiheit führt dazu, dass sich die Werte in höherem Maße als in der Sieben-Punkte-Bewertung unterscheiden und dass die Abhängigkeit der Daten von der Variable reduziert ist. Dazu erörtern Weskott/Fanselow (2011, S. 270):

> While it is, from the participants' perspective, a desirable feature of the ME [Magnitude Estimation] judgement task that they have the freedom to assign a sentence whatever value they find appropriate, this desirable feature may come, from the researcher's perspective, at the quite high and undesirable cost of being more prone to produce variance that cannot be accounted for and hence has to be considered as spurious.

Zusammengefasst kann gesagt werden, dass die *Magnitude Estimation* bezüglich der Untersuchung der linguistischen Akzeptabilität nicht informativer als die *n*-Punkte-Bewertung ist. In der vorliegenden Arbeit werden die chinesischen Materialien durch die Bewertung auf einer Vier-Punkte-Skala bewertet. Diese empirische Untersuchung zeigt sich überzeugender als Lius (2007) Ansatz, der auf ihrer persönlichen Intuition basiert. Aus der Methode der Vier-Punkte-Bewertung ergeben sich Ergebnisdaten mit gleichwertiger Informativität wie aus den Daten der *Magnitude Estimation*, die in Keller/Sorace (2003) für das Deutsche angewendet wurde.

4.4 Durchführung

Insgesamt 52 chinesische MuttersprachlerInnen in Köln nahmen 2014 an dem Experiment freiwillig teil. Ihr Alter betrug zwischen 20 und 34 Jahren (Durchschnittsalter 26,1) und 24 der Probanden waren weiblich. Alle gaben an, dass das Chinesische ihre Muttersprache ist und sie nicht fremdsprachlich aufgewachsen seien. Nach dem Experiment bekamen sie fünf Euro.

Bevor die Probanden die Stimuli bewerteten, wurden sie gebeten, die demographischen Fragen zu beantworten und eine Anweisung zu lesen. In der Anweisung wird vermittelt, wie die Probanden mit dem Fragebogen verfahren sollen. Unter jedem Satz gibt es eine Tabelle. Die Probanden sollten nach ihrer Intuition einen der folgenden Buchstaben wählen und in der Tabelle markieren (Die Bewertungskriterien für die vier Buchstaben werden in Kap. 4.3 dieser Arbeit dargestellt). In der Tabelle werden die Bewertungskriterien an beiden Enden wiedergegeben:

Tabelle 10: Diagramm für Bewertung im Fragebogen

A:我认为句子非常恰当 'Ich halte diesen Satz für vollkommen angemessen'	B	C	D: 我认为某些表述非常不恰当 'Ich halte eine bestimmte Formulierung, die der Satz enthält, für vollkommen unangemessen'

Die Probanden wurden darum gebeten, nur einen Wert deutlich zu markieren und keinen „Zwischenwert" anzugeben. Die vertrauliche Behandlung aller Angaben der Probanden wurde auch in der Anweisung garantiert. Die Daten werden nicht weitergegeben oder von Dritten benutzt und nur zu dieser wissenschaftlichen Analyse verwendet. Es wurde auch klar gemacht, dass der Zweck des Fragebogens nicht darin liegt, die Sprachfähigkeit der Probanden zu testen, sondern bestimmte sprachwissenschaftliche Hypothesen zu prüfen.

4.5 Ergebnis

Die Ergebnisse der deskriptiven Analyse werden in Tabelle 11 und Abb. 1 dargestellt.[42] Die Nummern 1 bis 4 bedeuten, dass die Items als *vollkommen inakzeptabel* bis *vollkommen akzeptabel* bewertet werden. Je höher der Mittelwert ist, umso besser wurde eine Bedingung bewertet.

Tabelle 11: Akzeptabilitätsergebnis im chinesischen Experiment

Bedingungen	Mittelwerte	Standardabweichung
animat, telisch, -*le*	3.64	0.67
animat, telisch, -*zhe*	2.13	1.04
animat, atelisch, -*le*	2.24	0.91
animat, atelisch, -*zhe*	3.38	0.87
inanimat, telisch, -*le*	3.45	0.83
inanimat, telisch, -*zhe*	2.03	1.04
inanimat, atelisch, -*le*	2.32	0.93
inanimat, atelisch, -*zhe*	3.58	0.72

Das Ergebnis in Tabelle 11 wird durch die folgende Grafik veranschaulicht:

Abb. 1: Akzeptabilitätsergebnis im chinesischen Experiment

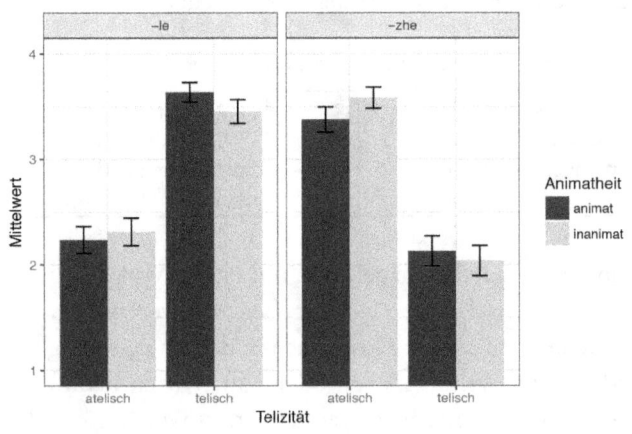

---

42 Die Ergebnisse des chinesischen Experiments in diesem Abschnitt wurde in Graf et al. (2017) veröffentlicht.

In Graf et al. (2017) wurden die Daten der vorliegenden chinesischen Akzeptabilitätsbefragung mit einem *multilevel cumulative logistic regression model* (*ordered logistic regression*) (vgl. Agresti 2002) mit dem Paket *ordinal* (Christensen 2015) mit R (Version 3.3.1, R Core Team 2016) analysiert. Diese Art der Regressionsanalyse modelliert mit welcher Wahrscheinlichkeit ein Item eine bestimmte Bewertung erhält. Die Faktoren ANIMATHEIT, TELIZITÄT und BE/HAVE sowie alle ihre Interaktionen wurden als Prädiktoren einbezogen. Alle Prädiktoren wurden *sum-kodiert*.

Das Design des Experiments wird durch die *random effect* Struktur des Modells repräsentiert. Diese enthält *random intercepts* und *random slopes* für alle Prädiktoren und deren Interaktionen sowohl für Probanden als auch für Items. Die Modellformel lautet (Graf et al. 2017, S. 95):

Bewertung ~ ANIMATHEIT * TELIZITÄT * BE/HAVE + (1+ ANIMATHEIT * TELIZITÄT * BE/HAVE l Partizipant) +(1+ ANIMATHEIT * TELIZITÄT * BE/HAVE l Item)

Um zu bestimmen, ob ein Regressionskoeffizient statistisch signifikant von 0 abweicht, wurde Wald's *z*-Test angewendet. Das Analyseergebnis wird in der folgenden Tabelle illustriert:

Tabelle 12: Parameterschätzungen für die fixen Effekte und die Schwellenwertkoeffizienten des Regressionsmodells für das chinesische Experiment (Graf et al. 2017, S. 95)

Fixed Effects				
Effect	Estimate	Standard error	z-Value	p-Value
TELICITY	0.133	0.221	0.599	.549
ANIMACY	−0.030	0.223	−0.136	.892
BE/HAVE	0.274	0.212	1.292	.196
TELICITY × ANIMACY	−0.382	0.128	−2.995	.003
TELICITY × BE/HAVE	−2.198	0.243	−9.031	< .001
ANIMACY × BE/HAVE	0.231	0.109	2.124	.034
TELICITY × ANIMACY × LE/ZHE	−0.004	0.140	−0.300	.099

Thresholds Coefficients[43]			
Threshold	Estimate	Standard error	z-Value
1|2	−3.544	0.347	−10.225
2|3	−1.071	0.324	−3.301
3|4	1.086	0.320	3.393

Wie aufgeführt in Tabelle 12 ist die Interaktion TELIZITÄT × BE/HAVE statistisch signifikant. Die Akzeptabilität von *-le* in der telischen Bedingung ist höher als die in der atelischen Bedingung und die Akzeptabilität von *-zhe* in der atelischen Bedingung ist höher als die in der telischen Bedingung. Dies unterstützt die Hypothesen (40a und b) zur Auswirkung der Telizität auf die *-le/-zhe*-Wahl. Die Interaktion zwischen ANIMATHEIT × BE/HAVE zeigt sich ebenfalls signifikant: *-Le* wurde besser in der animaten Bedingung bewertet als in der inanimaten Bedingung und *-zhe* wurde besser in der inanimaten Bedingung bewertet als in der animaten Bedingung. Die Bevorzugung von *-le* in der animaten Bedingung sowie die Bevorzugung von *-zhe* in der inanimaten Bedingung unterstützen die Hypothesen (42a und b) und widerlegen den Hypothesen (41a und b). Sehr wichtig für das Forschungsthema in dieser Arbeit ist der signifikante Effekt bei der TELIZITÄT×ANIMATHEIT, wobei die animaten Subjekte in der telischen Bedingung besser bewertet werden als die inanimaten Subjekte und die inanimaten Subjekte in der atelischen Bedingung wiederum besser bewertet werden als die animaten Subjekte. Die Mittelwerte verschiedener Bedingungen bezüglich der Animatheit und Telizität sind im Folgenden illustriert:

---

43 Obwohl die Schwellenwerte ein integraler Bestandteil des Moduls sind, sind sie für die Interpretation nicht von primärem Interesse (vgl. Agresti 2002, S. 280 f.). Sie könnten mit den Abschnitten eines logistischen Regressionsmodells für jede Bewertungsstufe mit der vorhergehenden Bewertungsstufe verglichen werden. Die festen Effekte stellen unabhängig von den Schwellenwerten die Gesamtergebnisse unabhängig von den Antwortstufen dar. Sie können generell als feste Effekte logistischer Regressionsmodelle interpretiert werden.

Abb. 2: Mittelwerte bezüglich Animatheit und Telizität

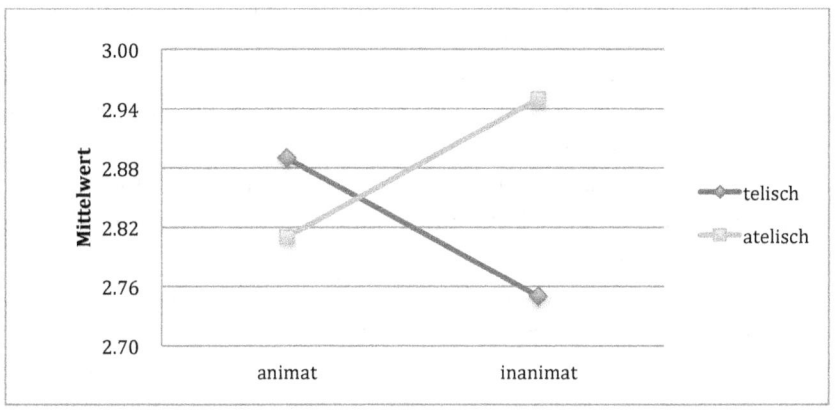

4.6 Diskussion

Das vorliegende Experiment überprüft die Interaktion zwischen Agentivität und Telizität in chinesischen intransitiven Sätzen mit semantisch flexiblen Bewegungsverben. Die Ergebnisse zeigen signifikante Interaktionen zwischen Auxiliarselektion und Telizität, zwischen Auxiliarselektion und Agentivität sowie zwischen Telizität und Agentivität.

Die Ergebnisse zeigen, dass -*le* im telischen Kontext besser bewertet wurde als im atelischen Kontext und -*zhe* im atelischen Kontext besser als im telischen Kontext. Die signifikante Interaktion zwischen Telizität und Auxiliarselektion entspricht den Annahmen über die Auxiliarselektion in der Literatur, sowohl für das Chinesische als auch für die westeuropäischen Sprachen. Im Chinesischen interagieren der perfektive Aspektmarker -*le* und der imperfektive Aspektmarker -*zhe* stark mit den Telizitätsmerkmalen sowohl in der Lokalinversion also auch in der Konstruktion mit präverbalen Subjekten. Laut Liu (2007) bevorzugen telische Verben in der Lokalinversion -*le* (vgl. auch Laws/Yuan 2010) und atelische Verben (inklusive *states*- und *process*-Verben) -*zhe* (vgl. Kap. 1 und 2.3.2). Nach der Korpusstudie in Xiao/McEnery (2004) zeigt der Marker -*le* in der Konstruktion mit präverbalen Subjekten eine starke Bevorzugung für die telischen Situationen *Accomplishments* und *Achievements* und im Gegenteil dazu zeigt der Marker -*zhe* eine Dispräferenz bezüglich der telischen Situation (vgl. Kap. 3.3).

Demzufolge erscheint die Auswirkung der Telizität auf die Auxiliarselektion im Chinesischen trotz verschiedener Konstruktionen einheitlich. Die Ergebnisse des vorliegenden Experiments stehen auch in Einklang mit der Forschung zu einigen germanischen und romanischen Sprachen im Rahmen des ASH-Ansatzes (Sorace 2000, Keller & Sorace 2003). Laut ASH-Ansatz bevorzugen telische Verben das Auxiliar BE und atelische Verben HAVE (vgl. Kap. 1, 2.2.1 und 2.2.2). Aufgrund der im vorliegenden Experiment und in der Forschung aufgedeckten Interaktion mit den Telizitätsmerkmalen kann -*le* mit BE und -*zhe* mit HAVE assoziiert werden.

Im vorliegenden Experiment ergibt sich eine signifikante Interaktion zwischen Agentivität und -*le*/-*zhe*-Wahl: -*Le* im animaten Kontext wurde besser bewertet als im inanimaten Kontext und -*zhe* im inanimaten Kontext wurde besser bewertet als im animaten Kontext. Diese Interaktion weist in die entgegengesetzte Richtung der ASH-Prognosen, die besagen, dass das agentivische Merkmal mit HAVE stark korreliert (vgl. Kap. 1 und 2.2.1). Das Ergebnis stimmt mit den vorher dargestellten Forschungen zur chinesischen Lokalinversion (Liu 2007; Laws/Yuan 2010; vgl. Kap. 1, 2.3.2 und 2.3.3) überein. Lius (2007) Beispiele sowie weitere Beispiele aus Korpora zeigen eine Präferenz für -*le* (also BE) beim agentivischen Merkmal für Zustandsverben und die Präferenz für -*zhe* (also HAVE) beim nicht-agentivischen Merkmal für Bewegungsverben. Laws/Yuans (2010) Experiment mit Akzeptabilitätsbewertung weist auf eine Steigerung der Akzeptabilität von -*le* mit animaten Argumenten gegenüber inanimaten Argumenten für Zustandsverben hin. In anderen Studien (z. B. Klein/Li/Hendriks 2000; Xiao/McEnery 2004) ist die Agentivität nicht als ein Faktor für das Auftreten von -*le*/-*zhe* betrachtet worden. Die Interaktion zwischen Agentivität und -*le*/-*zhe*-Wahl bei den in der vorliegenden Arbeit untersuchten Daten liefert einen neuen Hinweis darauf, dass die Agentivität eine Auswirkung auf die -*le*/-*zhe*-Wahl für die Konstruktion mit präverbalen Subjekten hat.

Die Ergebnisse der vorliegenden Studie zeigen des Weiteren eine signifikante Interaktion zwischen Agentivität und Telizität. Sie korrelieren positiv: Animate Argumente im telischen Kontext wurden besser bewertet als inanimate Argumente und inanimate Argumente im atelischen Kontext wurden besser bewertet als animate Argumente. Die positive Korrelation steht im Widerspruch zum ASH-Ansatz. Diesem zufolge interagiert Agentivität mit Telizität in der BE/HAVE-Wahl wie folgt: Die telischen nicht-agentivischen

Verben bevorzugen grundsätzlich BE, die atelischen agentivischen Verben HAVE.[44] Die Kombination dieser drei Faktoren führt zu einer postulierten inversen Korrelation zwischen Agentivität und Telizität (vgl. Kap. 1 und 2.2.1). Wäre diese Annahme korrekt, sollten animate Argumente im atelischen Kontext besser bewertet werden als inanimate Argumente und inanimate Argumente im telischen Kontext sollten besser bewertet werden als animate Argumente. Aber die Ergebnisse des vorliegenden chinesischen Experiments widersprechen dieser Annahme.

Die Ergebnisse des vorliegenden Experiments zeigen, dass animate Argumente gegenüber inanimaten Argumenten im telischen Kontext bevorzugt werden. Im atelischen Kontext werden inanimate Argumente gegenüber animaten Argumenten bevorzugt. Dies führt zur Vermutung, dass animate Argumente in einer definiten Ortsveränderung und in einer Bewegung mit einem Ziel konsistente semantische Rolleneigenschaften, und zwar prototypisch agenshafte Rolleneigenschaften, haben.

Für diese Vermutung lassen sich wichtige Indizien aus kognitiven Studien finden, im Besonderen aus Studien über die Fähigkeit von Säuglingen, zwischen menschlichem Verhalten und dem Verhalten eines inanimaten Objekts zu unterscheiden. Viele experimentelle Studien und Metaanalysen teilen die Ansicht, dass zielorientiertes Verhalten – neben anderen Eigenschaften wie z. B. selbstinduzierter Bewegung – Animate als Agens charakterisiert. Als Beispiel dafür beschreiben Rakison/Poulin-Dubois (2001) die Präsenz oder Absenz eines Handlungsziels (zielorientierte Handlung vs. Handlung ohne Ziel) als eines der sieben Charakteristika für die Distinktion zwischen Animaten und Inanimaten in der menschlichen Kognition im Säuglingsalter. Eine ähnliche Auffasung vertreten Spelke und Kinzler (Spelke 2004; Spelke/Kinzler 2007), die verschiedene Untersuchungen über die ontogenetische und phylogenetische Quelle von Wissen bei menschlichen Säuglingen betrachteten. Sie vertreten die Ansicht, dass ein kognitives Wissenssystem („core knowledge") das Agens und seine Handlungen repräsentiert: Die intentionalen Handlungen des Agens sind typischerweise auf ein Ziel ausgerichtet, das Verhalten (z. B. die Bewegung) eines inanimaten Objekts ist

---

44 Wie in Kap. 2.2.1 dargestellt, verkörpern Keller/Sorace (2003) Telizität und Agentvität in der BE/HAVE-Wahl, weisen der Agentivität jedoch eine geringere Bedeutung zu.

typischerweise nicht zielorientiert. Auch in Carey (2009, Kap. 5) wird angenommen, dass es eine Komponente des Kernwissens („core cognition") sei, die Handlung des Agens in Bezug auf seine Ziele zu erklären. Im Einklang damit verteten Tomasello et al. (2005) die Ansicht, dass eine Zielverfolgung eine Eigenschaft für intentionales Verhalten sei. (vgl. Graf 2017, S. 88)

Die oben dargestellte kognitive Forschung führt zu einer anderen Annahme als die inverse Korrelation zwischen Agentivität und Telizität im ASH-Ansatz. Den kognitiven Studien zufolge sind die intentionalen Handlungen des Agens typischerweise auf Ziele ausgerichtet. Von diesem Standpunkt ist ein animates Agens typischerweise in einer zielorientierten Handlung, wie z. B. in einer Bewegung mit einem Ziel, involviert. Für einen inanimaten Teilnehmer ist dagegen ein Verhalten ohne Ziel, wie z. B. in einer atelischen Bewegung, typisch. Daraus wurde für das vorliegende Experiment die Hypothese abgeleitet, dass ein animates Argument im telischen Kontext besser akzeptiert wird als im atelischen Kontext; ein inanimates Argument im atelischen Kontext wird hingegen besser akzeptiert als im telischen Kontext (vgl. (40) und (42) in Kap. 4.1; Graf et al. 2017, S. 89). Diese Hypothesen werden von den Ergebnissen des vorliegenden chinesischen Experiments gestützt.

5 Vergleich mit deutschen Daten

Dieses Kapitel widmet sich dem Vergleich zwischen der chinesischen und deutschen Sprache bezüglich der Interaktion zwischen Telizität, Agentivität und Auxiliarselektion. Für das Deutsche wurde eine parallele Fragebogenstudie mit deutschen Bewegungsverben, die semantisch hinsichtlich Agentivität, Telizität und *sein/haben*-Wahl flexibel sind, von einem Autorenkollektiv unter der Führung von Tim Graf (Graf et al. 2017) durchgeführt. Die Stimuli und Ergebnisse der deutschen Befragung werden in Kapitel 5.1 dargestellt. In Kapitel 5.2 folgt eine kontrastive Diskussion der Daten der deutschen und chinesischen Akzeptabilitätsbefragung.

5.1 Deutsches Experiment
Stimuli und Durchführung

Genauso wie im chinesischen Experiment (vgl. Kap. 4.2) wurde Agentivität via animate vs. inanimate Subjekte und Telizität via Ziel- vs. Lokativadverbiale im deutschen Fragebogen in Graf et al. (2017) manipuliert. Die Auxiliare BE und HAVE wurden durch *sein* und *haben* realisiert. Die drei Variablen, also die Agentivität, die Telizität und die Auxiliarselektion, wurden vollständig gekreuzt manipuliert. Sechs Bewegungsverben, die hinsichtlich der drei Variablen flexibel sind, sind in den Stimuli enthalten: *fliegen, rollen, schweben, schlingern, schwimmen* und *wirbeln*. Diese Verben bezeichnen, dass die Entität in der Bewegung ihre Position auch ohne Zieladverbial, d. h. auch in atelischen Kontexten, verändert. Die Struktur der deutschen Stimuli sieht wie folgt aus (Graf et al. 2017, S. 90):

61	*Dass*	*der Inlineskater / die Radkappe*	*letzten Mittwoch*
	that	the inline skater / the wheel cap	last Wednesday

	auf dem Feldweg / zur Ampel	*gerollt*	*ist / hat,*
	on the farm road / to the traffic light	rolled	BE / HAVE-3sg

verwunderte den Verkehrspolizisten.
amazed the traffic policeman

'That the inline skate / the wheel cap rolled on the farm road / to the traffic light last Wednesday amazed the traffic policeman.'

Im Unterschied zum chinesischen Experiment wurde BE/HAVE bei der deutschen Akzeptabilitätsbefragung als *between-participant* Faktor präsentiert. Nach den Ergebnissen einer Pilotstudie mit *complete within-participant* Design in Graf et al. (2017, S. 90) wurde herausgefunden, dass das Auxiliar *sein* gegenüber *haben* sehr stark für die getesteten deutschen Bewegungsverben bevorzugt wurde (vgl. auch Keller/Sorace 2003; Randall et al. 2004; Legendre 2007). Um zu vermeiden, dass die Bevorzugung bzw. Nichtbevorzugung der Auxiliarselektion als einziges Kriterium für die Beurteilung der Probanden gilt, wurde die BE/HAVE-Wahl bei der deutschen Akzeptabilitätsbefragung als *between-participant* Faktor präsentiert. Die Stimuli wurden in acht Listen unterteilt; vier Listen enthalten nur die Stimuli mit *sein* und die anderen nur mit *haben*. Jede Liste beinhaltet alle Wertkombinationen zwischen der Animatheit und Telizität.[45]

Jeder Proband beurteilte eine der acht Listen nach der sprachlichen Akzeptabilität auf einer bipolaren Vier-Punkte-Skala wie im chinesischen Experiment (vgl. Kap. 4.3 und 4.4), wobei nur die Endpunkte der Skala bestimmt wurden. Der positive Punkt A (in 4 in Abb. 4 umgewandelt) kann nur für Sätze gewählt werden, in denen alle Formulierungen vollkommen akzeptabel sind. Der negative Endpunkt D (in 1 in Abb. 4 umgewandelt) wird nur für Sätze gewählt, die Formulierungen enthalten, die vollkommen inakzeptabel sind. Die Kriterien für die Zwischenpunkte B und C wurden

---

45 Die drei Variablen Animatheit, Telizität und BE/HAVE-Wahl bilden acht Testitem-Gruppen (2×2×2). Für die sechs getesten Verben wurden jeweils zwei lexikalische Umgebungen angegeben. So ergeben sich 96 Testitems. Die 96 Testitems wurden durch das *Latin-Square*-Design in acht Listen unterteilt. Vier Listen enthalten nur die Testitems mit *sein* und die anderen nur mit *haben*. Jeder Liste wurden zwölf Filleritems hinzugefügt: Sechs atelische Verben (z. B. *arbeiten*) und sechs telische Verben (z. B. *entkommen*), die jeweils nur mit *sein* bzw. *haben* akzeptabel sind, wurden je mit dem gleichen Auxiliar wie in den Testitems derselben Liste kombiniert. Die Listen wurden pseudorandomisiert.

nicht gestellt. Um jeden Punkt der Skala zu verdeutlichen, wurden neben den Buchstaben Emoticons hinzugefügt:

Abb. 3: Bewertungsskala für das deutsche Experiment (Graf et al. 2017, S. 91)

| A ☺☺ | B ☺ | C ☹ | D ☹☹ |

Ergebnisse

Die Mittelwerte der Akzeptabilität für jede Kondition im deutschen Experiment werden durch Abb. 4 veranschaulicht:[46]

Abb. 4: Akzeptabilitätsergebnis im deutschen Experiment[47] (Graf et al. 2017, S. 91)

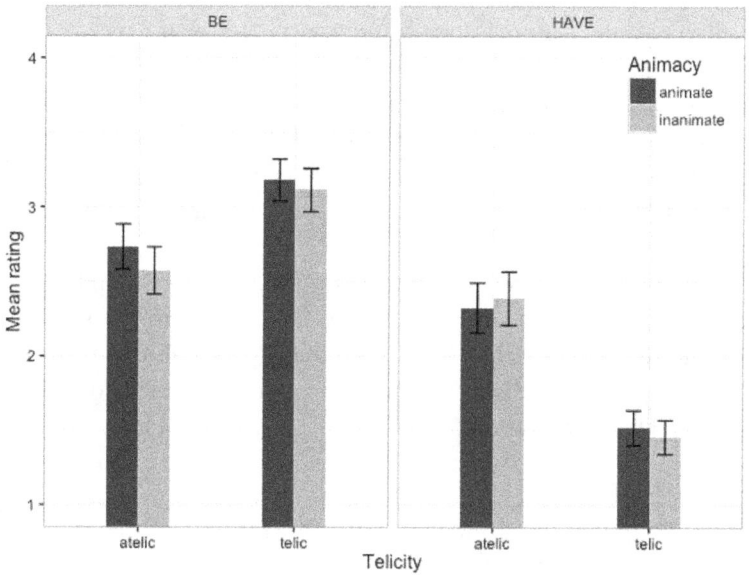

---

46 100 Probanden aus der Universität zu Köln nahmen an dem Experiment freiwillig teil. Fünf Daten wurde aufgrund des multilinguistischen oder nicht-muttersprachlichen Hintergrunds ausgeschlossen. Das Alter der 95 Probanden lag zwischen 18 und 34 Jahren (Durchschnittsalter 21,4) und 16 der Probanden waren weiblich.
47 Der Balken zeigt den Mittelwert für jede Bedingung. Je höher der Mittelwert ist, umso besser wurde eine Bedingung bewertet. Der Fehlerbalken zeigt die Standardabweichung.

Die Daten der deutschen Akzeptabilitätsbefragung wurden wie die Daten im chinesischen Experiment (vgl. Kap. 4.5) mit einem *multilevel cumulative logistic regression model (ordered logistic regression)* analysiert.[48]

Die Daten der deutschen Akzeptabilitätsbefragung zeigen einen signifikanten Haupteffekt bei der Auxiliarselektion. Im Deutschen wurde das Auxiliar BE für die Bewegungsverben signifikant besser bewertet als HAVE. Dieses Ergebnis steht im Einklang mit der Literatur zur deutschen Auxiliarselektion für Bewegungsverben (z. B. Randall et al. 2004; Legendre 2007). Für das Chinesische ergibt sich kein solcher Haupteffekt (vgl. Kap. 4.5).

Ein weiterer Unterschied zwischen dem chinesischen und deutschen Experiment liegt im Telizitätseffekt, der sich signifikant für das Deutsche, aber nicht für das Chinesische zeigt. Der Mittelwert der telischen Konditionen ist niedriger als der der atelischen Konditionen. Der Grund hierfür liegt laut Graf et al. (2017, S. 92) vermutlich darin, dass die getesteten Bewegungsverben im telischen Kontext das Auxiliar HAVE sehr stark benachteiligen. So wurden die telischen Konditionen mit HAVE schlechter bewertet als die atelischen Konditionen mit BE. Diese Differenz führt zu einem signifikant niedrigeren Mittelwert für die telischen Konditionen als für die atelischen Konditionen.

Im deutschen Experiment ergibt sich weiterhin eine signifikante zweiseitige Interaktion zwischen Telizität und BE/HAVE-Wahl. Dieses Ergebnis stimmt mit dem chinesischen Ergebnis (vgl. Kap. 4.5) überein. Die Akzeptabilität von BE in der telischen Kondition ist höher als die in der atelischen Kondition. Die Akzeptabilität von HAVE in der atelischen Kondition ist

---

48 Im Unterschied zum chinesischen Experiment (vgl. Kap. 4.5) wurde im deutschen Experiment der Faktor BE/HAVE *between-participants* getestet. Dementsprechend enthält die *random-effect*-Struktur des Modells *random intercepts* für Probanden und Items. Außerdem wurden *random slopes* für alle Prädiktoren (ANIMATHEIT, TELIZITÄT und BE/HAVE) und alle möglichen Interaktionen für Items genutzt. Für Probanden hingegen wurden nur die Prädiktoren ANIMATHEIT und TELIZITÄT und deren Interaktion genutzt. Die Modellformel (Graf et al. 2017, S. 91), die sich von der im chinesischen Experiment unterscheidet, lautet: Bewertung ~ ANIMATHEIT * TELIZITÄT * BE/HAVE + (1+ ANIMATHEIT * TELIZITÄT | Partizipant) + (1+ ANIMATHEIT * TELIZITÄT * BE/HAVE | Item).

höher als die in der telischen Kondition. Diese Auswirkung der Telizität auf die BE/HAVE-Wahl stützt die Hypothesen (40a und b) in Kapitel 4.1. Laut Graf et al. (2017, S. 92) wird dieses Ergebnis durch eine Korpusstudie des *Mannheim German Reference Corpus* (Institut für Deutsche Sprache, 2012) für die im Experiment getesteten Verben unterstützt. In den insgesamt 287 Tokens für sechs Verben wird *haben* (also HAVE) sehr selten angewendet (29 Tokens, 10,10 % über alle Verben) und tritt nur im atelischen Kontext auf. *Sein* (also BE) wird häufiger bei jedem Verb selektiert (258 Tokens, 89,90 % über alle Verben) und tritt bei jedem Verb sowohl in telischen als auch in atelischen Kontexten auf. Diese Studie stimmt mit dem Ergebnis über die Interaktion zwischen Telizität und BE/HAVE-Wahl im deutschen Experiment überein.

Sehr interessant ist, dass die deutschen Ergebnisse eine numerische Tendenz hinsichtlich der Interaktion zwischen Animatheit, Telizität und BE/HAVE-Wahl zeigen: Die inanimaten Argumente in der atelischen Kondition mit HAVE wurden besser bewertet als die animaten Argumente. Diese Tendenz stimmt mit der signifikanten Interaktion zwischen Animatheit und Telizität im chinesischen Experiment (vgl. Kap. 4.5) überein. Die Ergebnisse im Deutschen und Chinesischen stützen die Hypothesen für eine harmonische Korrelation zwischen Agentivtät und Telizität, die für das Chinesische in Kap. 4.1 und für beide Sprachen in Graf et al. (2017, S. 89) formuliert werden. Sie widersprechen der Hypothese einer inversen Korrelation zwischen Agentivität und Telizität (vgl. Kap. 4.1; Graf et al. 2017, S. 89).

5.2 Zusammenfassung der chinesischen und deutschen Daten

Die Ergebnisse des chinesischen Akzeptabilitätsbefragung (vgl. Kap. 4.5) und die des deutschen Akzeptabilitätsbefragung in Graf et al. (2017, vgl. Kap. 5.1) teilen zunächst die Gemeinsamkeit hinsichtlich der signifikanten Interaktion zwischen Telizität und BE/HAVE-Wahl. Beide Ergebnisse zeigen, dass BE und HAVE jeweils im telischen bzw. atelischen Kontext bevorzugt wurden. Diese Ergebnisse stehen im Einklang mit den zuvor dargestellten Forschungsarbeiten über die Auxiliarselektion für das Chinesische (vgl. z. B. Liu 2007; Xiao/McEnery 2004; Kap. 1, 2.3.2 und 3.3) und das Deutsche (vgl. z. B. Sorace 2000; Kap. 1 und 2.2.1). Diese Gemeinsamkeit hinsichtlich der Telizität und BE/HAVE-Wahl impliziert, dass die chinesische -*le*/-*zhe*-Wahl und die deutsche *sein*/*haben*-Wahl trotz morphosyntaktischer Differenz identisch vom telischen Merkmal determiniert werden (vgl. Kap. 4.6).

Eine weitere Übereinstimmung in den Ergebnissen zwischen beiden Sprachen liegt in der harmonischen Korrelation zwischen Agentivität und Telizität. Das chinesische Ergebnis zeigt eine statistisch signifikante Interaktion zwischen Animatheit und Telizität. Animate Argumente im telischen Kontext wurden besser akzeptiert als inanimate Argumente. Inanimate Argumente im atelischen Kontext wurden hingegen besser akzeptiert als animate Argumente (vgl. Kap. 4.5). Im deutschen Ergebnis gibt es trotz keiner solchen signifikanten Interaktion eine numerische Tendenz, dass inanimate Argumente im atelischen Kontext mit HAVE besser bewertet wurden als animate Argumente (vgl. Kap. 5.1). So weist das deutsche Ergebnis in Richtung einer positiven Korrelation zwischen Agentivität und Telizität, die im chinesischen Ergebnis statistisch deutlich gezeigt wird.

Für die positive Korrelation zwischen Agentivität und Telizität im Deutschen befindet sich ein weiterer Hinweis aus den Ergebnissen eines EKP-Experiments in Philipp et al. (2017), die auch in Graf et al. (2017) dargestellt wurden. EKPs (ereigniskorrelierte Potenziale) können parallel zum Sprachverstehensprozess aufgezeichnet werden.[49] Diese Methode ist für die deutschen Stimuli (vgl. Struktur in (61)) geeignet, die Informationsverarbeitung über die Agentivität und Telizität an der Stelle des Verblexems im Partizip zu messen. Wenn eine Versuchsperson einen Stimulus bis zum Verblexem im Partizip liest, werden die Informationen der Animatheit (aus animatem oder inanimatem Subjekt), der Telizität (aus Ziel- oder Lokativadverbial) und der Bedeutung des Bewegungsverbs (aus Verblexem im Partizip) integriert. Laut Philipp et al. (2017; vgl. auch Graf et al. 2017) zeigen die Ergebnisse des EKP-Experiments

---

49 Die EKPs im Elektroenzephalographie reflektieren die Summenaktivität inhibitorischer und exzitatorischer post-synaptischer Potentiale kortikaler und subkortikaler Zellstrukturen (Streb 2003, S. 168). Die Anwendung der EKPs ermöglicht, die Informationsverarbeitung der Versuchspersonen während des Verlaufs beim Lesen in Millisekunden zu messen.

erhöhte Verarbeitungskosten (in der Form eines N400-Effektes[50]) in der telischen Bedingung mit inanimaten Argumenten im Gegensatz zu animaten Argumenten. In der atelischen Bedingung mit animaten Argumenten entstehen dagegen erhöhte Verarbeitungskosten im Gegensatz zu inanimaten Argumenten.

Die Akzeptabilitätsbefragungen für das Chinesische (vgl. Kap. 4.5) und Deutsche (vgl. Kap. 5.1) sowie das deutsche EKP-Experiment deuten auf eine harmonische Korrelation zwischen Agentivität und Telizität hin. Diese Ergebnisse stimmen mit den in Kapitel 4.6 dargestellten kognitiven Forschungsarbeiten (z. B. Spelke/Kinzler 2007; Carey 2009; Rakison/Poulin-Dubois 2001; Tomasello et al. 2005) überein. Diesen Studien zufolge sind die intentionalen Handlungen eines Agens typischerweise auf ein Ziel ausgerichtet. Ein animates Agens ist typischerweise in einer zielorientierten Handlung, wie z. B. in einer Bewegung mit einem Ziel, involviert. Für einen inanimaten Teilnehmer ist dagegen ein Verhalten ohne Ziel, wie z. B. in einer atelischen Bewegung, typisch. Demzufolge sollte ein animates Argument im telischen Kontext besser akzeptiert werden als ein inanimates Argument. Ein inanimates Argument im atelischen Kontest sollte hingegen besser akzeptiert werden als ein animates Argument (vgl. Hypothesen (40) und (42) in Kap. 4.1). Der kognitiven Annahme entsprechend sollte im EKP-Experiment die telische Kondition mit inanimaten Argumenten schwieriger zu verarbeiten sein als mit animaten Argumenten. Die atelische Kondition mit animaten Argumenten sollte hingegen schwieriger zu verarbeiten sein als mit inanimaten Argumenten. Die Ergebnisse der Experimente für das Chinesische und das Deutsche stützen die harmonische Korrelation zwischen Agentivität und Telizität für die getesteten Bewegungsverben beider

---

50 In der Psycholinguistik werden verschiedene EKP-Komponenten, also spezifische neuronale Aktivität, die in der EEG mit einem entweder positiv- oder negativgehenden Amplituden-Maximum in einem bestimmten Zeitbereich reflektiert wird, aufgefasst. Eine davon ist das N400-Effekt, also eine Spannungsschwankung negativer Polarität, die typischerweise zwischen 250 und 400 Millisekunden nach einem sprachlichen Reiz ausgelöst wird. Allgemeiner formuliert ist diese Komponente mit der Verarbeitung des semantischen Gehalts von Information assoziiert. Der N400-Effekt steht also im Zusammenhang mit einer enttäuschten Erwartung, die auf semantischem Priming beruht (vgl. z. B. Kutas/Hillyard 1980; Pritchard/Shappel/Brandt 1991).

Sprachen. Die Ergebnisse weisen darauf hin, dass die animaten Argumente in einer definiten Ortsveränderung und in einer Bewegung mit einem Ziel konsistente semantische Rolleneigenschaften, und zwar prototypisch agenshafte Rolleneigenschaften, haben.

Die Ergebnisse der deutschen Akzeptabilitätsbefragung unterscheiden sich durch zwei Punkte von den Ergebnissen der chinesischen Befragung, die hier erwähnt werden sollten. Der erste Unterschied ist, dass das Deutsche im Gegensatz zum Chinesischen einen signifikanten Effekt bei der Auxiliarselektion aufzeigt. Das Auxiliar BE wurde für die deutschen Bewegungsverben signifikant besser akzeptiert als HAVE, aber für das Chinesische ergibt sich keine solche Präferenz. Die generelle Bevorzugung von BE im Deutschen ist vermutlich auf eine spezifische telische Bedeutungskomponente, also das *locomotional*-Merkmal der Bewegungsverben, zurückzuführen (vgl. Graf et al. 2017, S. 104). Wie bereits in Kap. 5.1 (auch in Kap. 4.2) angedeutet, bezeichnen die getesteten Bewegungsverben, dass die Entität in der Bewegung ihre Position auch ohne Zieladverbial, d. h. auch in atelischen Kontexten, verändert. Das Merkmal wird in Randall et al. (2004) *locomotional*-Merkmal für Bewegungsverben genannt. Es wird angenommen, dass das *locomotional*-Merkmal einen sprachübergreifend variablen Beitrag in der Auxiliarselektion leistet. Laut Randall et al. (2004) wird dem Merkmal im Deutschen ein höherer Stellenwert zugesprochen als der Telizität. Die *locomotional*-Prädikate, gleich ob sie ein telisches oder atelisches Adverbial haben, bevorzugen grundlegend BE im Deutschen. In anderen Sprachen wie z. B. dem Chinesischen hat das Merkmal einen niedrigeren Stellenwert als im Deutschen. Die Bewegungsverben im Chinesischen zeigen eine variable Auxiliarselektion, abhängig von ihrem telischen oder atelischen Kontext. Der Unterschied zwischen dem chinesischen und deutschen Experiment bezüglich der Bevorzugung der Auxiliarselektion lässt sich daher laut Graf et al. (2017, S. 104) aus der unterschiedlichen Auswirkung des *locomotional*-Merkmals in den beiden Sprachen ableiten.

Im Weiteren unterscheidet sich das Deutsche vom Chinesischen durch den Agentivitätseffekt in der Auxiliarselektion. Die Interaktion zwischen Animatheit und Auxiliarselektion zeigt sich signifikant im Chinesischen, aber nicht im Deutschen. Nach den ASH-Prognosen für die westeuropäischen Sprachen (Sorace 2000; vgl. Kap. 2.2.1) sind die Verbklassen auf der mittleren Position der ASH auf Agentivität sensitiv. Dementsprechend sollten die chinesischen Bewegungsverben, deren Auxiliarselektion auf Agentivität sensitiv ist, auf der mittleren Position der Hierarchie liegen (vgl. Graf et al. 2017, S. 104). Im Gegensatz dazu zeigt sich zwischen der Auxiliarselektion und Animatheit im Deutschen keine statistisch signifikante Interaktion. Zugleich bevorzugen die deutschen Bewegungsverben im Experiment das Auxiliar BE. Dies weist darauf hin, dass die deutschen Bewegungsverben näher am unakkusativischen Ende in der ASH stehen (vgl. Graf et al. 2017, S. 104). Im Vergleich mit den Verbklassen auf der mittleren Position zeigen sich die Verbklassen, die näher am unakkusativischen Ende stehen, auf Agentivität weniger sensitiv. Diese Verbklassen bevorzugen im Rahmen des ASH-Ansatzes das Auxiliar BE, was mit den Ergebnissen des deutschen Fragebogens übereinstimmt.

6 Zusammenfassung

Das Ziel der vorliegenden Arbeit ist es, die Interaktion zwischen Agentivität, Telizität und Auxiliar- bzw. Verbpartikelwahl im Chinesischen und Deutschen (*-le/-zhe* im Chinesischen und *sein/haben* im Deutschen) zu untersuchen. Dafür wurde für das Chinesische eine Fragebogenstudie mit chinesischen Bewegungsverben, die semantisch hinsichtlich Agentivität, Telizität und *-le/-zhe*-Wahl flexibel sind, durchgeführt. Für das Deutsche wurde eine parallele Fragebogenstudie konzipiert und von einem Autorenkollektiv unter der Führung von Tim Graf (Graf et al. 2017) durchgeführt. Die Ergebnisse beider Experimente stützen eine harmonische Korrelation zwischen Agentivität und Telizität für die getesteten Bewegungsverben im Chinesischen und Deutschen.

Im Mittelpunkt des zweiten Kapitels standen Forschungsarbeiten, die in Bezug auf die Interaktion zwischen Agentivität und Telizität in zwei gegenteilige Richtungen weisen. In Kapitel 2.1 wurden ältere Studien (z. B. Dowty 1991; Zaenen 1993) über die gespaltene Intransitivität dargestellt. Während eindeutig unakkusativische Verben wie 'arrive' eine telische Veränderung bezeichnen und ihre Argumente als Patiens oder Thema aufgefasst werden, sind eindeutig unergativische Verben wie 'talk' atelisch und ihre Argumente werden als Agens verstanden. Agentivität und Telizität korrelieren demzufolge invers in der gespaltenen Intransitivität. Im Einklang damit postuliert die Hierarchie der Auxiliarselektion (ASH, Sorace 2000) für die westeuropäischen Sprachen auch eine inverse Korrelation zweier Merkmale, die jedoch in einer nachfolgenden empirischen Studie für das Deutsche (Keller/Sorace 2003) nicht unterstützt werden kann. Dieser Teil wurde in Kapitel 2.2 erläutert. Die ASH beruht hauptsächlich auf zwei semantischen Faktoren: Agentivität und Telizität. Nach der ASH korreliert das telische Merkmal stark mit BE und das agentivische Merkmal korreliert mit HAVE. Telische nicht-agentivische Verben bevorzugen grundsätzlich das Auxiliar BE und atelische agentivische Verben bevorzugen HAVE. Diese Kombination führt zu einer postulierten inversen Korrelation zwischen Agentivität und Telizität. Für diese postulierte inverse Korrelation mangelt es allerdings an überzeugenden Evidenzen in empirischen Studien.

Die Resultate aus dem ersten Experiment in Keller/Sorace (2003) für das Deutsche zeigen beispielsweise, dass Bewegungsverben, die nah an dem unergativischen Pol der ASH stehen und deswegen nach ASH-Prognosen HAVE bevorzugen sollten, BE selektieren. Dies spricht nicht für die Korrelation zwischen Agentivität und HAVE in der ASH. Im zweiten Experiment wurde Animatheit für *continuation of state*-Verben (z. B. *aushalten*) und *existence of state (position)*-Verben (z. B. *stehen*) variiert. Die Resultate des Experiments zeigen allerdings keinen signifikanten Effekt hinsichtlich der Animatheit. Dies stimmt mit der inversen Interaktion zwischen Agentivität und Telizität nicht überein.

Hinweise für eine harmonische Korrelation zwischen Agentivität und Telizität finden sich in der *-le/-zhe*-Wahl in der chinesischen Lokalinversion, die in Kapitel 2.3 dargestellt wurde. Laut Liu (2007) unterstützt die Hierarchie der chinesischen Auxiliarselektion (HAC) die ASH in Soraces (2000) Ansatz. Die HAC teilt mit der ASH die Gemeinsamkeit, dass *-le*, also BE, und *-zhe*, also HAVE, jeweils im telischen bzw. atelischen Kontext bevorzugt werden. Lius (2007) angeführte Beispiele mit *state*-Verben zeigen ebenfalls deutlich, dass das agentivische Merkmal die Akzeptabilität von *-le* erhöht (vgl. auch Laws/Yuan 2010). Daher fällt ein unterschiedlicher Agentivitätseffekt in Lius Beispielen im Gegensatz zur ASH auf. In Kapitel 2.4 wurde auf diesen Agentivitätseffekt ausführlich eingegangen. Die Beispiele mit *state*-Verben und Bewegungsverben in Lius Ansatz sowie zusätzliche Beispiele mit Bewegungsverben aus den Korpora CCL und BCC zeigen, dass animate und inanimate Argumente jeweils BE bzw. HAVE bevorzugen. Dies spricht gegen die postulierte inverse Korrelation zwischen Agentivität und Telizität in der ASH und deutet auf eine harmonische Korrelation der zwei Merkmale hin.

Die oben erwähnten Studien und Beispiele werfen die Frage auf, ob Agentivität und Telizität in intransitiven Sätzen mit der Auxiliarwahl invers oder harmonisch korrelieren. Um diese Frage eindeutig beantworten zu können, wurde ein Fragebogenexperiment im Chinesischen mit Bewegungsverben durchgeführt. Bewegungsverben bezeichnen, dass die Entität in der Bewegung ihre Position auch ohne Zieladverbial, d. h. auch in atelischen Kontexten, verändert. Sie sind semantisch flexibel in Bezug auf Agentivität und Telizität. Anders als in Lius (2007) Ansatz, wurden hier im Rahmen eines Fragebogenexperiments die chinesischen Bewegungsverben in Sätzen mit präverbalen Subjekten getestet. In der Lokalinversion kann Telizität nicht eindeutig definiert werden und zudem treten die Bewegungsverben grundsätzlich nicht zusammen mit animaten Subjekten auf, wie in Kapitel 2.5 aufgezeigt wurde. Nur in den Sätzen mit präverbalen Subjekten können Telizität und Agentivität bei Bewegungsverben vollständig überkreuzt werden. Deswegen ist die Subjekt-Verb-Konstruktion für die Untersuchung der Interaktion zwischen Agentivität und Telizität angemessen.

Kapitel 3 zeigte, wie die Variablen (Agentivität, Telizität und BE/HAVE-Wahl) des vorliegenden Experiments manipuliert wurden. Die Telizität lässt sich durch lokative Adverbiale und Ziel-Adverbiale manipulieren. Ein Bewegungsverb im lokativen Adverbial mit 在 *zai* 'in' repräsentiert eine atelische Lesart und in einem Ziel-Adverbial mit 到 *dao* eine telische Lesart. Die Variable Agentivität wurde durch die Animatheit der Subjekte (menschlich animat vs. inanimat) manipuliert. Ein animates Subjekt (z. B. 'paraglider', 'student') lässt darauf schließen, dass der Partizipierende sich durch eine interne Energiequelle bewegt, wodurch das agentivische Merkmal ausgelöst wird. Mit einem inanimaten Subjekt (z. B. 'plastic bag', 'wooden board') wird die Bewegung nicht als selbstinduziert interpretiert und weist daher kein agentivisches Merkmal auf. Bewegungsverben können sowohl mit *-le* als auch mit *-zhe* zusammen auftreten. Chinesischer Literatur (z. B. Xiao/McEnery 2004) zufolge korreliert *-le* stark mit dem telischen Merkmal und *-zhe* bevorzugt atelische Situationen, was mit der HAC (Liu 2007) und der ASH (Sorace 2000) übereinstimmt.

In Kapitel 4 wurde das vorliegende Experiment dargestellt. Zwei gegenteilige Hypothesen wurden aufgestellt. Übereinstimmend mit der HAC und ASH soll die Akzeptabilität von *-le* im telischen Kontext höher sein als im atelischen Kontext und die Akzeptabilität von *-zhe* im atelischen Kontext höher als im telischen Kontext. Wäre eine inverse Korrelation zwischen Agentivität und Telizität korrekt, sollte die Akzeptabilität von *-le* im inanimaten Kontext höher sein als im animaten Kontext und die Akzeptabilität von *-zhe* im animaten Kontext höher als im inanimaten Kontext. Wäre eine harmonische Korrelation zwischen Agentivität und Telizität korrekt, sollte die Akzeptabilität von *-le* im animaten Kontext höher sein als im inanimaten Kontext und die Akzeptabilität von *-zhe* im inanimaten Kontext höher als im animaten Kontext. Die Stimuli des Fragebogens wurden auf einer Vier-Punkte-Skala hinsichtlich ihrer Akzeptabilität bewertet. Diese Methode ist zuverlässiger und präziser als die intuitionsbasierte Analyse in Lius (2007) Ansatz und ebenso informativ wie die *Magnitude Estimation*, die in den Experimenten von Keller/Sorace (2003) für das Deutsche angewandt wurde.

Die Interaktion zwischen Telizität und Auxiliarselektion, zwischen Animatheit und Auxiliarselektion sowie zwischen Agentivität und Telizität erwies sich im vorliegenden chinesischen Experiment als signifikant. Die Akzeptabilität von *-le* im telischen Kontext ist höher als die im atelischen Kontext und die Akzeptabilität von *-zhe* im atelischen Kontext ist höher als die im telischen Kontext. *-Le* im animaten Kontext wurde besser bewertet als im inanimaten Kontext und *-zhe* im inanimaten Kontext wurde besser bewertet als im animaten Kontext. Animate Argumente im telischen Kontext wurden besser bewertet als inanimate Argumente und inanimate Argumente im atelischen Kontext besser als animate Argumente. Die Ergebnisse unterstützen eine harmonische Korrelation zwischen Agentivität und Telizität.

Die harmonische Korrelation stützt kognitive Studien (z. B. Spelke/Kinzler 2007; Carey 2009; Rakison/Poulin-Dubois 2001; Tomasello et al. 2005), nach denen die intentionalen Handlungen eines Agens typischerweise auf ein Ziel ausgerichtet sind. Das bedeutet, dass ein animates Agens typischerweise in einer zielorientierten Handlung, wie z. B. in einer Bewegung mit einem Ziel, involviert ist. Für einen inanimaten Teilnehmer ist dagegen ein Verhalten ohne Ziel, wie z. B. in einer atelischen Bewegung, typisch. Die Resultate des vorliegenden Experiments weisen darauf hin, dass animate Argumente in einer definiten Ortsveränderung und in einer Bewegung mit einem Ziel konsistente semantische Rolleneigenschaften, und zwar prototypisch agenshafte Rolleneigenschaften haben.

Die vorliegende Arbeit hat auch experimentelle Befunde zur Interaktion zwischen Agentivität, Telizität und Auxiliarwahl (*sein/haben*) im Deutschen in Kap. 5 dargestellt. Für das Deutsche wurde eine Fragebogenstudie entwickelt, die möglichst ähnlich der Fragebogenstudie zum Chinesischen aufgebaut war (vgl. Graf et al. 2017, dargestellt in Kap. 5.1 der vorliegenden Arbeit). Auch im Deutschen wurden Bewegungsverben getestet, die hinsichtlich Agentivität, Telizität und Auxiliarwahl flexibel sind und semantisch den Chinesischen Verben ähnelten. Sehr interessant ist, dass die deutschen Ergebnisse eine numerische Tendenz hinsichtlich der Interaktion zwischen Animatheit, Telizität und BE/HAVE-Wahl zeigen: Inanimate

Argumente im atelischen Kontext mit HAVE wurden besser bewertet als animate Argumente. Diese Tendenz stimmt mit der signifikanten Interaktion zwischen Animatheit und Telizität im chinesischen Experiment überein. Die Ergebnisse für das Chinesische und Deutsche (sowie ein EKP-Experiment zum Deutschen (Philipp et al. 2017; vgl. auch Graf et al. 2017), dargestellt in Kap. 5.2) deuten gemeinsam eine harmonische Korrelation zwischen Agentivität und Telizität für die getesteten Bewegungsverben beider Sprachen an.

Die Ergebnisse der deutschen Akzeptabilitätsbefragung und die des chinesischen Experiments teilen auch die Gemeinsamkeit hinsichtlich der signifikanten Interaktion zwischen Telizität und BE/HAVE-Wahl. Beide Ergebnisse zeigen, dass BE und HAVE jeweils im telischen bzw. atelischen Kontext bevorzugt wurden. Dies impliziert, dass die chinesische *-le/-zhe*-Wahl und die deutsche *sein/haben*-Wahl trotz morpho-syntaktischer Differenz identisch vom telischen Merkmal determiniert werden. Das Deutsche unterscheidet sich vom Chinesischen dadurch, dass es im Gegensatz zum Chinesischen einen signifikanten Effekt bei der Auxiliarselektion (*sein* wurde deutlich besser bewertet als *haben* im Deutschen) und keine signifikante Interaktion zwischen Animatheit und Auxiliarselektion (vgl. unten) aufzeigt. Der Grund für die generelle Bevorzugung von *sein* liegt vermutlich im spezifischen telischen *locomotional*-Merkmal, das die getesteten Verben in beiden Sprachen semantisch charakterisiert, aber einen sprachübergreifend variablen Beitrag in der Auxiliarselektion leistet (vgl. Randall et al. 2004; Graf et al. 2017). Im Chinesischen hat das *locomotional*-Merkmal einen niedrigeren Stellenwert als im Deutschen, was dazu führt, dass das Deutsche generell BE bevorzugt und das Chinesische eine variable Auxiliarselektion aufzeigt. Im chinesischen Experiment ergibt sich eine signifikante Interaktion zwischen Animatheit und *-le/-zhe*-Wahl: *-Le* im animaten Kontext wurde besser bewertet als im inanimaten Kontext und *-zhe* im inanimaten Kontext wurde besser bewertet als im animaten Kontext. Für diesen Agentivitätseffekt in der chinesischen Auxiliarselektion wird angenommen, dass die chinesischen Bewegungsverben auf der mittleren Position der ASH und die deutschen Bewegungsverben näher am unakkusativischen Ende stehen (vgl. Graf et al. 2017). Im Rahmen der ASH zeigen die Klassen näher am unakkusativischen Ende eine Bevorzugung von BE und sind weniger sensitiv auf Agentivität als die Klassen, die auf der mittleren Position der Hierarchie liegen.

Zukünftige Studien könnten sich auf die -le/-zhe-Wahl verschiedener Verbklassen in Sätzen mit präverbalen Subjekten im Rahmen der ASH konzentrieren. Dabei könnte untersucht werden, ob sich die -le/-zhe-Wahl in intransitiven Sätzen mit präverbalen Subjekten ebenfalls in einer graduellen Hierarchie wie in den westeuropäischen Sprachen in Soraces (2000) Ansatz verhält und auf welche Weise sich Agentivität und Telizität auf die -le/-zhe-Wahl auswirken. Die Interaktion zwischen Agentivität bzw. Animatheit und -le/-zhe-Wahl in den Sätzen mit präverbalen Subjekten fand in der Literatur zum Chinesischen (z. B. Xiao/McEnery 2004; Smith 1997) kaum Betrachtung. Das vorliegende chinesische Experiment erbringt jedoch einen Hinweis für eine signifikante Interaktion zwischen Animatheit und -le/-zhe-Wahl für Bewegungsverben: Das agentivische Merkmal erhöht die Akzeptabilität von -le, was mit dem Agentivitätseffekt in der Lokalinversion (Liu 2007) für state-Verbklassen übereinstimmt. Zu der Frage, ob und auf welche Weise sich Agentivität auf die -le/-zhe-Wahl bei anderen Verbklassen in Sätzen mit präverbalen Subjekten auswirkt, bedarf es weiterer Untersuchungen. Im Gegensatz zu eindeutig unergativischen Verben in westeuropäischen Sprachen, die HAVE kategorisch selektieren, lehnen die chinesischen Verben mit präverbalen Subjekten das Auxiliar -le nicht völlig ab (z. B. *liao-tian* 'talk'). So wäre interessant, die Auswirkung der Telizität bzw. telischer Bedeutungskomponenten auf die -le/-zhe-Wahl bei verschiedenen Verbklassen, insbesondere bei atelischen Verben näher zu untersuchen bzw. mit dem Telizitätseffekt in den westeuropäischen Sprachen zu vergleichen. Außerdem bleiben weitere Untersuchungen überlassen, empirische Belege für eine harmonische Korrelation zwischen Agentivität und Telizität aus anderen Sprachen zu erbringen.

Anhang: Getestete Sätze

滑 *hua* 'slide': telisch, animat

1a) 那位　　选手　　　滑　　到　　了/着　　　终点线。
    na-wei　xuan-shou　hua　dao　-le/-zhe　zhong-dian-xian
    that-CL　athlete　　slide　-RVC　-LE/-ZHE　end-line
    'The athlete has slid/is sliding to the end line.'

2a) 那位　　学员　　　滑　　到　　了/着　　冰场　　　　中央。
    na-wei　xue-yuan　hua　dao　-le/-zhe　bing-chang　zhong-yang
    that-CL　trainee　　slide　-RVC　-LE/-ZHE　ice-rink　　center
    'The trainee has slid/is sliding to the center of the ice rink.'

滑 *hua* 'slide': telisch, inanimat

1b) 那辆　　　轿车　　　滑　　到　　了/着　　水沟　　里。
    na-liang　jiao-che　hua　dao　-le/-zhe　shui-gou　li
    that-CL　　car　　　slide　-RVC　-LE/-ZHE　pond　　in
    'The car has slid/is sliding into the pond.'

2b) 那滴　　露珠　　　滑　　到　　了/着　　叶子　的　　边缘。
    na-wei　lu-zhu　　hua　dao　-le/-zhe　ye-zi　de　bian-yuan
    that-CL　dewdrop　slide　-RVC　-LE/-ZHE　leaf　DE　edge
    'The dewdrop has slid/is sliding to the edge of the leaf.'

滑 *hua* 'slide': atelisch, animat:

1c) 那位　　选手　　　在　　赛道　　　上　　滑　　　了/着。
    na-wei　xuan-shou　zai　sai-dao　shang　hua　-le/-zhe
    that-CL　athlete　　in　　track　　on　　slide　-LE/-ZHE
    'The athlete has slid/is sliding on the track.'

2c) 那位　　学员　　　在　　冰场　　　　上　　滑　　　了/着。
    na-wei　xue-yuan　zai　bing-chang　shang　hua　-le/-zhe
    that-CL　trainee　　in　　ice-rink　　on　　slide　-LE/-ZHE
    'The trainee has slid/is sliding in the ice rink.'

滑 *hua* 'slide': atelisch, inanimat:

1d) 那辆　　　轿车　　在　　斜坡　　上　　滑　　了/着。
　　 na-liang　jiao-che　zai　xie-po　shang　hua　-le/-zhe
　　 that-CL　 car　　　in　 slope　 on　　slide　-LE/-ZHE
　　 'The car has slid/is sliding on the slope.'

2d) 那滴　　露珠　　在　　叶子　　上　　滑　　了/着。
　　 na-di　 lu-zhu　zai　ye-zi　shang　hua　-le/-zhe
　　 that-CL　dewdrop　in　leaf　　on　　slide　-LE/-ZHE
　　 'The dewdrop has slid/is sliding on the leaf.'

飞 *fei* 'fly': telisch, animat

1a) 那位　　超能力者　　　　　飞　　到　　了/着　　楼顶　　　上。
　　 na-wei　chao-neng-li-zhe　fei　dao　-le/-zhe　lou-ding　shang
　　 that-CL　supernatural　　　 fly　-RVC　-LE/-ZHE　building-top　on
　　 'The supernatural has flown/is flying to the top of the building.'

2a) 那位　　运动员　　　　　飞　　到　　了/着　　山谷　　　中。
　　 na-wei　yun-dong-yuan　fei　dao　-le/-zhe　shan-gu　zhong
　　 that-CL　athlete　　　　 fly　-RVC　-LE/-ZHE　valley　　in
　　 'The athlete has flown/is flying to the valley.'

飞 *fei* 'fly': telisch, inanimat:

1b) 那只　　塑料袋　　　飞　　到　　了/着　　树　　上。
　　 na-zhi　su-liao-dai　fei　dao　-le/-zhe　shu　shang
　　 that-CL　plasitic-bag　fly　-RVC　-LE/-ZHE　tree　on
　　 'The plastic bag has flown/is flying to the tree.'

2b) 那只　　气球　　飞　　到　　了/着　　房顶　　　上。
　　 na-zhi　qi-qiu　fei　dao　-le/-zhe　fang-ding　shang
　　 that-CL　balloon　fly　-RVC　-LE/-ZHE　roof　　　on
　　 'The balloon has flown/is flying to the roof.'

飞 *fei* 'fly': atelisch, animat:

1c) 那位　　超能力者　　　　在　　城市　　上空　　　飞　　了/着。
　　 na-wei　chao-neng-li-zhe　zai　cheng-shi　shang-kong　fei　-le/-zhe
　　 that-CL　supernatural　　　in　 city　　　above　　　 fly　-LE/-ZHE
　　 'The supernatural has flown/is flying above the city.'

2c)	那位	运动员	在	田野	上空	飞	了/着。
	na-wei	yun-dong-yuan	zai	tian-ye	shang-kong	fei	-le/-zhe
	that-CL	athlete	in	farmland	above	fly	-LE/-ZHE

'The athlete has flown/is flying above the farmland.'

飞 *fei* 'fly': atelisch, inanimat:

1d)	那只	塑料袋	在	田野	上空	飞	了/着。
	na-zhi	su-liao-dai	zai	tian-ye	shang-kong	fei	-le/-zhe
	that-CL	plasitic-bag	in	farmland	above	fly	-LE/-ZHE

'The plastic bag has flown/is flying above the farmland.'

2d)	那只	气球	在	空	中	飞	了/着。
	na-zhi	qi-qiu	zai	kong	zhong	fei	-le/-zhe
	that-CL	balloon	in	sky	in	fly	-LE/-ZHE

'The balloon has flown/is flying in the sky.'

浮 *fu* 'float$_{1(vertikal)}$': telisch, animat

1a)	那位	潜水员	浮	到	了/着	船	边。
	na-wei	qian-shui-yuan	fu	dao	-le/-zhe	chuan	bian
	that-CL	diver	float$_1$	-RVC	-LE/-ZHE	boat	edge

'The diver has floated/is floating to the edge of the boat.'

2a)	那位	救生员	浮	到	了/着	海面	上。
	na-wei	jiu-sheng-yuan	fu	dao	-le/-zhe	hai-mian	shang
	that-CL	lifeguard	float$_1$	-RVC	-LE/-ZHE	sea-surface	on

'The lifeguard has floated/is floating to the surface of the sea.'

浮 *fu* 'float$_{1(vertikal)}$': telisch, inanimat

1b)	那块	冰块	浮	到	了/着	水杯	顶端。
	na-kuai	bing-kuai	fu	dao	-le/-zhe	shui-bei	ding-duan
	that-CL	ice-cube	float$_1$	-RVC	-LE/-ZHE	water-cup	top

'The ice cube has floated/is floating to the top of the water cup.'

2b)	那个	塑料瓶	浮	到	了/着	湖面	上。
	na-ge	su-liao-ping	fu	dao	-le/-zhe	hu-mian	shang
	that-CL	plastic-bottle	float$_1$	-RVC	-LE/-ZHE	lake-surface	on

'The plastic bottle has floated/is floating to the surface of the lake.'

浮 *fu* 'float$_{1(vertikal)}$': atelisch, animat

1c) 那位　　　潜水员　　　　在　　海　里　浮　　　了/着。
　　 na-wei　 qian-shui-yuan　zai　 hai　li　 fu　　 -le/-zhe
　　 that-CL　diver　　　　　 in　　sea　in　float$_1$　-LE/-ZHE
　　 'The diver has floated/is floating in the sea.'

2c) 那位　　　救生员　　　　在　　水　里　浮　　　了/着。
　　 na-wei　 jiu-sheng-yuan　zai　 shui　li　 fu　　 -le/-zhe
　　 that-CL　lifeguard　　　 in　　water　in　float$_1$　-LE/-ZHE
　　 'The lifeguard has floated/is floating in the water.'

浮 *fu* 'float$_{1(vertikal)}$': atelisch, inanimat

1d) 那块　　　冰块　　　　在　　水杯　　里　浮　　　了/着。
　　 na-kuai　 bing-kuai　zai　 shui-bei　li　 fu　　 -le/-zhe
　　 that-CL　ice-cube　　in　　water-cup　in　float$_1$　-LE/-ZHE
　　 'The ice cube has floated/is floating in the water cup.'

2d) 那个　　　塑料瓶　　　　在　　水缸　　里　浮　　　了/着。
　　 na-ge　　su-liao-ping　zai　 shui-gang　li　 fu　　 -le/-zhe
　　 that-CL　plastic-bottle　in　 water-vat　in　float$_1$　-LE/-ZHE
　　 'The plastic bottle has floated/is floating in the water vat.'

漂 *piao* 'float$_{2(horizontal)}$': telisch, animat

1a) 那位　　　特工　　 漂　　　到　　 了/着　　岸边。
　　 na-wei　 te-gong　piao　 dao　　-le/-zhe　 an-bian
　　 that-CL　agent　　float$_2$　-RVC　-LE/-ZHE　riverside
　　 'The agent has floated/is floating to the riverside.'

2a) 那位　　　专家　　　漂　　　到　　 了/着　　河边。
　　 na-wei　 zhan-jia　piao　 dao　　-le/-zhe　 he-bian
　　 that-CL　expert　　float$_2$　-RVC　-LE/-ZHE　riverside
　　 'The expert has floated/is floating to the riverside.'

漂 *piao* 'float$_{2(horizontal)}$': telisch, inanimat

1b) 那个　　　垃圾袋　　 漂　　　到　　 了/着　　池塘　　 边。
　　 na-ge　　la-ji-dai　piao　 dao　　-le/-zhe　 chi-tang　bian
　　 that-CL　trash-bag　float$_2$　-RVC　-LE/-ZHE　pond　　 side
　　 'The trash bag has floated/is floating to the side of the pond.'

2b) 那块　　木板　　　　　漂　　到　　了/着　　岸边。
    na-guai　mu-ban　　　　piao　dao　-le/-zhe　an-bian
    that-CL　wooden-board　float₂　-RVC　-LE/-ZHE　riverside
    'The wooden board has floated/is floating to the riverside.'

漂 *piao* 'float₂(horizontal)': atelisch, animat

1c) 那位　　特工　　　在　　水　　　里　　漂　　　了/着。
    na-wei　te-gong　zai　shui　li　piao　-le/-zhe
    that-CL　agent　in　water　in　float₂　-LE/-ZHE
    'The agent has floated/is floating in the water.'

2c) 那位　　专家　　　在　　河　　里　　漂　　　了/着。
    na-wei　zhan-jia　zai　he　li　piao　-le/-zhe
    that-CL　expert　in　river　in　float₂　-LE/-ZHE
    'The expert has floated/is floating in the river.'

漂 *piao* 'float₂(horizontal)': atelisch, inanimat

1d) 那个　　垃圾袋　　　在　　池塘　　　里　　漂　　　了/着。
    na-ge　la-ji-dai　zai　chi-tang　li　piao　-le/-zhe
    that-CL　trash-bag　in　pond　in　float₂　-LE/-ZHE
    'The trash bag has floated/is floating in the pond.'

2d) 那块　　木板　　　　　在　　河　　里　　漂　　　了/着。
    na-guai　mu-ban　　　　zai　he　li　piao　-le/-zhe
    that-CL　wooden board　in　river　in　float₂　-LE/-ZHE
    'The wooden board has floated/is floating in the river.'

转 *zhuan* 'rotate': telisch, animat

1a) 那位　　舞者　　　转　　　到　　了/着　　镜子　　前。
    na-wei　wu-zhe　zhuan　dao　-le/-zhe　jing-zi　qian
    that-CL　dancer　rotate　-RVC　-LE/-ZHE　mirror　front
    'The dancer has rotated/is rotating to the front of the mirror.'

2a) 那位　　女演员　　　转　　　到　　了/着　　舞台　　中央。
    na-wei　nv-yan-yuan　zhuan　dao　-le/-zhe　wu-tai　zhong-yang
    that-CL　actress　rotate　-RVC　-LE/-ZHE　stage　center
    'The actress has rotated/is rotating to the center of the stage.'

转 *zhuan* 'rotate': telisch, inanimat

1b) 那片　　树叶　　转　　到　　了/着　　窗台　　上。
    na-pian　shu-ye　zhuan　dao　-le/-zhe　chuang-tai　shang
    that-CL　leaf　　rotate　-RVC　-LE/-ZHE　window-sill　on
    'The leaf has rotated/is rotating to the window sill.'

2b) 那个　　轮胎　　转　　到　　了/着　　路边。
    na-ge　lun-tai　zhuan　dao　-le/-zhe　lu-bian
    that-CL　tire　　rotate　-RVC　-LE/-ZHE　roadside
    'The tire has rotated/is rotating to the roadside.'

转 *zhuan* 'rotate': atelisch, animat

1c) 那位　　舞者　　在　　镜子　　前　　转　　了/着。
    na-wei　wu-zhe　zai　jing-zi　qian　zhuan　-le/-zhe
    that-CL　dancer　in　mirror　front　rotate　-LE/-ZHE
    'The dancer has rotated/is rotating in front of the mirror.'

2c) 那位　　女演员　　在　　舞台　　上　　转　　了/着。
    na-wei　nv-yan-yuan　zai　wu-tai　shang　zhuan　-le/-zhe
    that-CL　actress　　in　stage　on　rotate　-LE/-ZHE
    'The actress has rotated/is rotating on the stage.'

转 *zhuan* 'rotate': atelisch, inanimat

1d) 那片　　树叶　　在　　空　　中　　转　　了/着。
    na-pian　shu-ye　zai　kong　zhong　zhuan　-le/-zhe
    that-CL　leaf　in　sky　in　rotate　-LE/-ZHE
    'The leaf has rotated/is rotating in the sky.'

2d) 那个　　轮胎　　在　　马路　　上　　转　　了/着。
    na-ge　lun-tai　zai　ma-lu　shang　zhuan　-le/-zhe
    that-CL　tire　in　road　on　rotate　-LE/-ZHE
    'The tire has rotated/is rotating on the road.'

Literaturverzeichnis

Agresti, Alan (2002): *Logit Models for Multinomial Responses.* In: Agresti, Alan (Hg.): *Categorical Data Analysis.* 2. Aufl. Hoboken: John Wiley and Sons. S. 267–313 (Kap. 7).

Aranovich, Raúl (2007): *Split Auxiliary Systems: A Cross-linguistic Perspective.* Amsterdam: John Benjamins.

Bard, Ellen Gurman/Robertson, Dan/Sorace, Antonella (1996): *Magnitude Estimation of Linguistic Acceptability.* In: Language 72 (1), S. 32–68.

Carey, Susan (2009): *The Origin of Concepts.* Oxford: Oxford University Press.

Chomsky, Noam (1985): *The Logical Structure of Linguistic Theory.* Chicago/London: The University of Chicago Press (Erstauflage 1975).

Christensen, R. (2015): *Ordinal-Regression Models for Ordinal Data. R Package Version 2015.6.28.* Online unter: https://cran.r-project.org/web/packages/ordinal/ordinal.pdf.

Comrie, Bernard (1976): *Aspect: An Introduction to the Study of Verbal Aspect and Related Problems.* Cambridge University Press. *(= Volume 2 of Cambridge Textbooks in Linguistics).*

Cowart, Wayne (1997): *Experimental Syntax: Applying Objective Methods to Sentence Judgments.* Thousand Oaks/London/New Delhi: SAGE Publications.

Cruse, D. Alan (1973): *Some Thoughts on Agentivity.* In: Journal of Linguistics 9 (1), S. 11–23.

De Winkel, Marieke (2008): *Unakkusativität im Deutschen und Niederländischen* (Unveröffentlichte Masterarbeit). Cologne, Germany: University of Cologne.

Declerck, Renaat (1979): *Aspect and the Bounded/Unbounded (Telic/Atelic) Distinction.* In: Linguistics 17 (9–10), S. 761–794.

Dowty, David (1979): *Word Meaning and Montague Grammar: The Semantics of Verbs and Times in Generative Semantics and in Montague's Ptq.* Springer Science & Business Media.

Dowty, David (1988): *Thematic Proto-Roles, Subject Selection, and Lexical Semantic Defaults.* Unpublished paper OSU, Ohio; published in a revised version as:

Dowty, David (1991): *Thematic Proto-Roles and Argument Selection.* In: *Language* 67 (3), S. 547–619.

Fillmore, Charles J. (1968): *The Case for Case.* In: Bach, Emmon/Harms, Robert T. (Hg.): *Universals in Linguistic Theory.* New York: Holt, Rinehart & Winston. S. 1–88.

Fillmore, Charles J. (1977): *The Case for Case Reopened.* In: Cole, Peter/ Sadock, Jerrold Murray (Hg.): *Syntax and Semantics: Grammatical Relations (Volume 8).* Academic Press. S. 59–81.

Gelman, Rochel/Durgin, Frank/Kaufman, Lisa (1995): *Distinguishing between Animates and Inanimates: Not by Motion alone.* In: Sperber, Dan/ Premack, David/Premack, Ann J. (Hg.): *Causal Cognition: A Multidisciplinary Debate.* Oxford: Clarendon Press. S. 150–184.

Graf, Tim/Philipp, Markus/Xu, Xiaonan/Kretzschmar, Franziska/Primus, Beatrice (2017): *The Interaction between Telicity and Agentivity: Experimental Evidence from Intransitive Verbs in German and Chinese.* In: *Lingua* 200, S. 84–106.

Grewendorf, Günther (1989): *Ergativity in German.* Dordrecht: Foris Publications. *(= Volume 35 of Studies in Generative Grammar).*

Griffin, Donald R. (2013): *Animal Minds: Beyond Cognition to Consciousness.* Chicago/London: University of Chicago Press.

Gruber, Jeffrey S. (1967): *Look and See.* In: *Language* 43 (4), S. 937–947.

Hoekstra, Teun (1999): *Auxiliary Selection in Dutch.* In: *Natural Language & Linguistic Theory* 17 (1), S. 67–84.

Holt, Jens (1943): *Etudes d'aspect.* Universitetsforlaget i Aarhus ejnar munksgaard.

Hopper, Paul J./Thompson, Sandra A. (1980): *Transitivity in Grammar and Discourse.* In: *Language* 56 (2), S. 251–299.

Hu, Wenze (1995): *Verbal Semantics of the Presentative Sentences.* In: *Language Studies [Yuyan Yanjiu]* 2, S. 100–112.

Huang, C.-T. James (1987): *Existential Sentences in Chinese and (In)definiteness.* In: Reuland, Eric J./Meulen, Alice G. B. ter (Hg.): *The Repre-*

sentation of (In)definiteness. MIT Press. S. 226–253. (= Volume 14 of Current Studies in Linguistics Series).

Keller, Frank/Sorace, Antonella (2003): *Gradient Auxiliary Selection and Impersonal Passivization in German: An Experimental Investigation.* In: Journal of Linguistics 39 (1), S. 57–108.

Klein, Wolfgang/Li, Ping/Hendriks, Hemriette (2000): *Aspect and Assertion in Mandarin Chinese.* In: Natural Language & Linguistic Theory 18, S. 723–770.

Kutas, Marta/Hillyard, Steven A. (1980): *Event-related Brain Potentials to Semantically Inappropriate and Surprisingly Large Words.* In: Biological Psychology 11, S. 99–116.

Laws, Jacqueline/Yuan, Boping (2010): *Is the Core-peripheral Distinction for Unaccusative Verbs Cross-linguistically Consistent?: Empirical Evidence from Mandarin.* In: Chinese Language & Discourse 1 (2), S. 220–263.

Lee-Schoenfeld, Vera (2007): *Agentivity versus auxiliary choice: Evidence from pronominal binding in German AcI-constructions.* In: Aranovich, Raúl (Hg.): Split Auxiliary Systems: A cross-linguistic perspective. Amsterdam: John Benjamins Publishing Company. S. 123–143.

Legendre, Géraldine (2007): *On the Typology of Auxiliary Selection.* In: Lingua 117 (9), S. 1522–1540.

Levin, Beth/Hovav, Malka Rappaport (1995): *Unaccusativity: At the Syntax-lexical Semantics Interface.* MIT Press.

Li, Charles N./Thompson, Sandra A. (1989): *Mandarin Chinese: A Functional Reference Grammar.* Berkeley: University of California Press.

Li, Charles N./Thompson, Sandra A./Thompson, R. McMillan (1982): *The Discourse Motivation for the Perfect Aspect: The Mandarin Particle LE.* In: Hopper, Paul J. (Hg.): Tense-Aspect: Between Semantics & Pragmatics. Amsterdam/Philadelphia: John Benjamins. S. 19–44. (= Typological Studies in Language 1).

Lieber, Rochelle/Baayen, Harald (1997): *A Semantic Principle of Auxiliary Selection in Dutch.* In: Natural Language & Linguistic Theory 15 (4), S. 789–845.

Liu, Feng-hsi (2007): *Auxiliary Selection in Chinese.* In: Aranovich, Raúl (Hg.): Split Auxiliary Systems: A Cross-Linguistic Perspective. Amsterdam: John Benjamins. S. 181–205.

Lyons, John (1977): *Semantics*. Cambridge University Press.

Moens, Marc (1987): *Tense, Aspect and Temporal Reference*. Dissertation. Edinburgh University.

Næss, Åshild (2007): *Prototypical Transitivity*. John Benjamins Publishing.

Perlmutter, David M. (1978): *Impersonal Passive and the Unaccusative Hypothesis*. In: *Processing of the Fourth Annual Meeting of the Berkeley Linguistic Society*. Berkeley/CA: Berkeley Linguistic Society. S. 157–189.

Philipp, Markus/Graf, Tim/Kretzschmar, Franziska/Primus, Beatrice (2017): *Beyond Verb Meaning: Experimental Evidence for Incremental Processing of Semantic Roles and Event Structure*. In: *Frontiers in Psychology* 8, S. 1–16.

Po-Ching, Yip/Rimmington, Don (2015): *Chinese: A Comprehensive Grammar*. Routledge.

Primus, Beatrice (1999): *Cases and Thematic Roles: Ergative, Accusative and Active*. Tübingen: Niemeyer. (= Volume 393 of Linguistische Arbeiten).

Primus, Beatrice (2011): *Animacy and Telicity: Semantic Constraints on Impersonal Passives*. In: *Lingua* 121, S. 80–99.

Primus, Beatrice (2012): *Animacy, Generalized Semantic Roles, and Differential Object Marking*. In: Lamers, Monique/Swart, Peter de (Hg.): *Case, Word Order and Prominence: Interacting Cues in Language Production and Comprehension*. Dordrecht: Springer. S. 65–90. (= Volume 40 of Studies in Theoretical Psycholinguistics).

Pritchard, Walter S./Shappell, Scott A./Brandt, Michael E. (1991): *Psychophysiology of N200/N400: A Review and Classification Scheme*. In: *Advances in psychophysiology* 4, S. 43–106.

Rakison, David H./Poulin-Dubois, Diane (2001): *Developmental Origin of the Animate–Inanimate Distinction*. In: *Psychological Bulletin* 127 (2), S. 209–228.

Randall, Janet H. (2007): *Parameterized Auxiliary Selection: A fine-grained Interaction of Features and Linking Rules*. In: Aranovich, Raul (Hg.): *Split Auxiliary Systems: A Cross-Linguistic Perspective*. S. 207–235. (= Typological Studies in Language 69).

Randall, Janet H./Van Hout, Angeliek/Weissenborn, Jürgen/Baayen, R. Harald (2004): *Acquiring Unaccusativity: A Cross-Linguistic Look*. In: Alexiadou, Artemis/Anagnostopoulou, Elena/Everaert, Martin (Hg.):

The Unaccusativity Puzzle: Explorations of the Syntax-Lexicon Interface. S. 332–354.

Scholl, Brian J./Tremoulet, Patrice D. (2000): *Perceptual Causality and Animacy.* In: *Trends in Cognitive Sciences* 4 (8), S. 299–309.

Shan, Chuan-Kuo/Yuan, Boping (2007): *Is Gradience of Mapping between Semantics and Syntax possible in L2 Acquisition.* In: Caunt-Nulton, Heather/Kulatilake, Samantha/Woo, I-hao (Hg.): *Proceedings of the Boston University Conference on Language Development.* Cascadilla Press. S. 567–575.

Shannon, Thomas F. (1995): *Toward a Cognitive Explanation of Perfect Auxiliary Variation: Some Modal and Aspectual Effects in the History of Germanic.* In: *American Journal of Germanic Linguistics and Literatures* 7 (2), S. 129–163.

Smith, Carlota S. (1997): *The Parameter of Aspect.* 2. Aufl. Dordrecht: Kluwer.

Sorace, Antonella (2000): *Gradients in Auxiliary Selection with Intransitive Verbs.* In: *Language* 76 (4), S. 859–890.

Sorace, Antonella (2004): *Gradience at the Lexicon-Syntax Interface: Evidence from Auxiliary Selection and Implications for Unaccusativity.* In: Alexiadou, Artemis/Anagnostopoulou, Elena/Everaert, Martin (Hg.): *The Unaccusativity Puzzle: Explorations of the Syntax-Lexicon Interface.* S. 243–268.

Spelke, Elisabeth (2004): *Core Knowledge.* In: Kanwisher, Nancy/Duncan, John (Hg.): *Functional Neuroimaging of Visual Cognition: Attention and performance XX.* Oxford: Oxford University Press. S. 29–56.

Spelke, Elizabeth /Kinzler, Katherine D. (2007): *Core Knowledge.* In: *Developmental Sci*ence 10 (1), S. 89–96.

Streb, Judith (2003): Spezielle Verfahren II: Elektrophysiologische Methoden. In: Rickheit, Gert/Herrmann, Theo/Deutsch, Werner (Hg.): Psycholinguistik. *Psycholinguistics*: Ein internationales Handbuch. *An International Handbook.* Walter de Gruyter. S. 168–180.

Tomasello, Michael/Carpenter, Malinda/Call, Josep/Behne, Tanya/Moll, Henrike (2005): *Understanding and Sharing Intentions: The Origins of Cultural Cognition.* In: *Behavioral and Brain Sciences* 28 (5), S. 675–691.

Tremoulet, Patrice D/Feldman, Jacob (2000): *Perception of Animacy from the Motion of a Single Object.* In: *Perception* 29 (8), S. 943–951.

Van Valin, Robert D. (1990): *Semantic Parameters of Split Intransitivity.* In: *Language* 66 (2), S. 221–260.

Vendler, Zeno (1957): *Verbs and Times.* In: *The Philosophical Review* 66 (2), S. 143–160. Nachgedruckt in: Vendler, Zeno (1967): *Linguistics in Philosophy.* Ithaca, NY: Cornell University Press. S. 97–121.

Verkuyl, Henk. J. (1989): *Aspectual Classes and Aspectual Composition.* In: *Linguistics and Philosophy* 12 (1), S. 39–94.

Weskott, Thomas/Fanselow, Gisbert (2009): *Scaling Issues in the Measurement of Linguistic Acceptability.* In: Featherston, Sam/Winkler, Susanne (Hg.): *The Fruits of Empirical Linguistics.* Berlin/New York: Mouton de Gruyter. S. 229–245.

Weskott, Thomas/Fanselow, Gisbert (2011): *On the Informativity of Different Measures of Linguistic Acceptability.* In: *Language* 87 (2), S. 249–273.

Xiao, Richard/McEnery, Tony (2004): *Aspect in Mandarin Chinese: A Corpus-based Study.* Amsterdam/Philadelphia: John Benjamins.

Xun, Endong/Rao, Gaoqi/Xiao, Xiaoyue/Zang, Jiaojiao (2016): *The Construction of the BCC Corpus in the Age of Big Data.* In: *Yuliaoku Yuyanxue (Corpus Linguistics)* 1, S. 93–109.

Yamamoto, Mutsumi (1999): Animacy and Reference: A Cognitive Approach to Corpus Linguistics. Amsterdam: John Benjamins. (= Volume 46 of Studies in Language Companion Series).

Yamamoto, Mutsumi (2006): *Agency and Impersonality: Their Linguistic and Cultural Manifestations.* Amsterdam: John Benjamins.

Yang, Suying/Pan, Haihua (2001): *A Constructional Analysis of the Existential Structure.* In: *Studies in Chinese linguistics II*, S. 189–208.

Zaenen, Annie (1988): *Unaccusative Verbs in Dutch and the Syntax-Semantics Interface* (Report No. CSLI-88-123). Stanford, CA: Center for the Study of Language and Information: CSLI/SRI International.

Zaenen, Annie (1993): *Unaccusativity in Dutch: Integrating Syntax and Lexical Semantics.* In: Pustejovsky, James (Hg.): *Semantics and the Lexicon.* Dordrecht: Springer. S. 129–161. (= *Studies in Linguistics and Philosophy* 49).

Zifonun, Gisela/Hoffmann, Ludger/Strecker, Bruno (1997): *Grammatik der deutschen Sprache.* Band 3. Berlin/New York: Walter de Gruyter.

www.ingramcontent.com/pod-product-compliance
Lightning Source LLC
Chambersburg PA
CBHW070644300426
44111CB00013B/2259